人生の鍵シリーズ

生活改善の鍵

谷口雅春［編著］

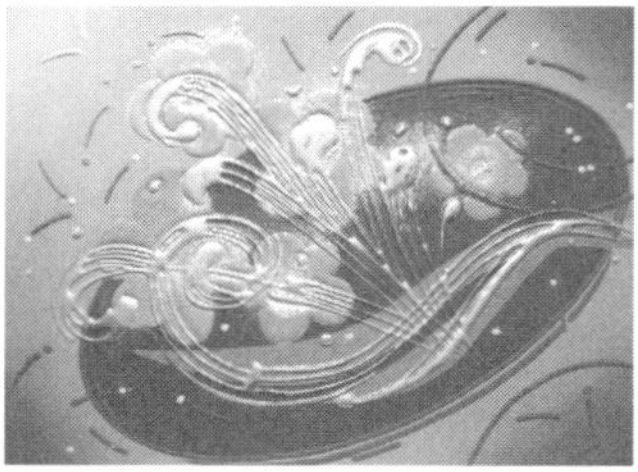

光明思想社

編者はしがき――「生活改善の鍵」で幸運の扉を開く

本書でいよいよ「鍵シリーズ」も『人生調和の鍵』『無限供給の鍵』に続いて三冊目となる。本書はこれまでの二冊と同じく、米国ユニティ協会の記事にもとづいて、谷口雅春先生が「生活改善の鍵」をわかりやすく編著されたものである。

この書の特徴を一言でいうなら、誰もがすぐに実践できる「生活改善の鍵」が随所に盛り込まれていることであろう。

大体において、人生で直面する様々な問題は、その人の悪しき生活習慣によることが多いものである。とすれば、逆に「生活改善の鍵」を使用して善き習慣を身につけることができればそれらの問題は自ずと解決されることになる。

例えば本書で紹介されているものに「宝の地図」というものがある。

ある不具《ふぐ》の女性があったが、彼女は己《おのれ》の心中《しんちゅう》に常に完全なる自分自身の肖像《しょうぞう》を描きつづけたという。現実の世界(五官《ごかん》の世界)では車のついた椅子《いす》に腰かけていたのにもかかわらず、彼女はそんな事を気にせず、前途を悲観的に想像することもなかったという。それどころか、彼女の心は常に緑の草原の上をゴムマリのように跳《と》んだりはねたり、踊ったり、テニスやゴルフや水泳やいろんな楽しい屋外ゲームに熱中している若々しい自分を思い浮かべていたのである。

彼女は新聞の運動欄の記事に注意し、テニスや槍投げの技術読本をひもとき、まるでプロ野球の選手が体育や技術の事について研究でもするかのように熱心であったのである。そしてここが肝心《かんじん》なのだが、男女の有名なスポーツマンの美しいポーズを絵にかいたり、写真を切りとったりしてそれらを自分の周囲にはりつけたのである。彼女はそれを「宝の地図」と呼んでいた。

このような生活に根付いた工夫をすることによって、彼女は車椅子から立ち上り、彼女が想像したとおり、緑の平原の上を走りまわることが出来るようになったのであった。

このような話を読者諸兄は、ウソだと思わず是非、「生活改善の鍵」として実際に使用してみられたい。この「宝の地図」は、最近では「夢宝地図」として夢を実現するツールとして推奨《すいしょう》しているコンサルタントもいる。これは少し大きめのコルクボードを買ってきてその中央に笑顔の自分の写真を貼り、その周囲に自分の理想とする人物や購入したい家や車などの写真を貼っていると、短期間でその夢を実現するというもの。いずれにしろ、谷口雅春先生が説かれている「想像力は創造力である」という真理を如実に体験されるに違いない。

また本書の第六章「幸福を得る道」では、幸福になる「生活改善の鍵」として次の点が挙げられている。

一、自分の周囲の人々と、そして自分の周囲の事物とに対して完全に和解すること。

二、自分の周囲の人々及び環境の善き所を探してそれをしみじみ味わう。

三、自分自身が独創的な生活を生きなければならない。人間は一人一人別々の使命があるのであるから、その使命を完全に遂行した時に人間は生き甲斐を感じて幸福になれる。

四、自我に執着している限りは人間は、小さい殻の中に縮《ちぢ》こまっていて幸福になれない。自分を忘れてしまって人のために一所懸命《いっしょけんめい》尽す時に幸福感は得られる。

五、創造的な仕事をなせ。仕事によって、その創造本能を満足せしめる時に本当に幸福感が得られて来る。

このほか、一定の職業のほかに何か趣味をもつことや新しき知己《ちき》をつくること、敵をもたないこと、寧《むし》ろ敵の為になることをしてやること、自分の不幸をつぶやいてはならないことなどが挙げられている。いずれもすぐに生活の中で実践できる改善策である。

谷口雅春先生も本書の「はしがき」(昭和四十二年二月十日)の中で次のように書かれ

ている。

……異《こと》なるのは、生長の家はあらゆる万教帰一融合《ばんきょうきいつゆうごう》をとくのであるがユニティは、キリスト教のすべての教派《きょうは》の融合を説く点である。その他の教えのたて方も非常によく似ているのである。

……こうして纂《あつ》めて読んで見ると、なかなか教えられる処《ところ》が多いし、生長の家の教《おしえ》と衝突《しょうとつ》する処《ところ》はなく、読む人によっては反省の資料となり心境を深める契機《けいき》を与えるものがある。全項の文体を統一するため、全体にわたって私が加筆補正《かひつほせい》を施《ほどこ》し日本の実例をも加え本書の趣旨《しゅし》を徹底するようにしたので、謂《い》わば私は編著者であるが版権は生長の家社会事業団にある。本書をよめば必ずや読者諸賢《とくしゃしょけん》の生活改善《せいかつかいぜん》に何らかの寄与するところがあることと信ずる。

本書の出版により、一人でも多くの方が「生活改善の鍵」を使用せられて、幸運の扉を開かれることを願ってやまない。
最後に本書が教えてくれているとっておきの「生活改善の鍵」を一つ紹介しよう。それは、「私は神の子、嬉《うれ》しい嬉しい、好いことのみ出て来る」と毎朝二十遍ずつ唱えてから起きるということである。このような自身の口ぐせを変えることから、心が変わり、心が変わればその人の運命も自《おの》ずと好転してくるに違いない。

平成二十一年六月二十二日

谷口雅春著作編纂委員会

はしがき

アメリカに新しきキリスト教、生活に実践《じっせん》するキリストの教《おしえ》を説くユニティ・スクールという教派《きょうは》がある。すべての人間を〝神の子〟として説いており、キリストは唯一《ゆいいつ》のその真理を説いたのであって各宗派《かくしゅうは》に分れた教えを説いたのでないから、すべてのキリスト教のセクトは一つに融合帰一《ゆうごうきいつ》すべきものであると主張してユニティと称《しょう》しているのである。ユニティ(Unity)とは「融合帰一」を意味して別派《べっぱ》を建てない意味である。スクール(School)は学校即ち「教えの家」であって、〝教会〟などと云《い》うと一宗一派《いっしゅういっぱ》に見られるところから、〝教会〟と云《い》わずして「教えの家」と云《い》ったのは、生長《せいちょう》の家《いえ》が一宗一派でないことを明《あきら》かにするために生長教《せいちょうきょう》と云《い》わずして「家」と云《い》ったのによく似ているのである。唯異《ただごとな》るのは、生長《せいちょう》の家《いえ》はあらゆる宗教の万教《ばんきょう》帰一《きいつ》融合《ゆうごう》をとくのであるがユニティは、キリスト教のすべての教派《きょうは》の融合を説く点である。その他《た》の教えのたて方も非常によく似ているのである。

そこで戦後、このユニティ・スクールと生長の家との間に提携《ていけい》が成立して、ユニティの出版物から取材して真理を説くことの了解《りょうかい》が出来て、生長の家の本部の職員たちが、ユニティと生長の家の教《おしえ》とを交《まじ》えながら、私たちの生活改善《せいかつかいぜん》に役立つもののみを纂《あつ》めてユニティ・ダイジェスト第四篇として出版されたものが本書の初版《しょはん》である。久しく絶版《ぜっぱん》になっていたが、今度「人生の鍵シリーズ」が出るにあたってこれをその一冊に加えることになったのである。こうして纂《あつ》めて読んで見ると、なかなか教えられる処《ところ》が多いし、生長の家の教《おしえ》と衝突《しょうとつ》する処《ところ》はなく、読む人によっては反省の資料となり心境《しんきょう》を深める契機《けいき》を与えるものがある。全項《ぜんこう》の文体《ぶんたい》を統一するため、全体にわたって私が加筆《かひつ》補《ほ》正《せい》を施《ほどこ》し日本の実例をも加え本書の趣旨《しゅし》を徹底《てってい》するようにしたので、謂《い》わば私は編著者《へんちょしゃ》であるが版権《はんけん》は生長《せいちょう》の家社会事業団《いえしゃかいじぎょうだん》にある。本書をよめば必ずや読者諸賢《どくしゃしょけん》の生活改善《せいかつかいぜん》に何らかの寄与《きよ》するところがあることと信ずる。終りに臨《のぞ》み諸賢《しょけん》の幸福と健康とを祈る。

昭和四十二年二月十日

編著者識《へんちょしゃしるす》

生活改善の鍵　目次

編者はしがき
はしがき
第一章　起死回生の道　9
第二章　運命を超える道　19
第三章　自己本来の神性《しんせい》　39
第四章　成功の秘訣《ひけつ》　53
第五章　生活における幸福感　61
第六章　幸福を得《う》る道　69
第七章　日常生活に於《お》ける美　83
第八章　女性の美　97

第九章　心の焦点《しょうてん》　107
第十章　色彩《しきさい》の世界と人生　119
第十一章　精神と肉体　129
第十二章　生きた宗教　143
第十三章　感情の衛生《えいせい》　149
第十四章　致富《ちふう》の原則《げんそく》　157
第十五章　環境《かんきょう》の改善《かいぜん》　165
第十六章　天国《てんごく》浄土《じょうど》の顕現《けんげん》　181
祈りの言葉・真理の言葉
総索引

凡例

一、本書は昭和四十二年三月十日改装初版『生活改善の鍵』（人生の鍵シリーズ5）を底本とした。

一、底本は正漢字・歴史的仮名遣いであるが、本書では、一部例外を除き、常用漢字・現代仮名遣いに改めた。振り仮名に関しても、一部例外を除き、現代仮名遣いに改めた。

一、現在、代名詞、接続詞、助詞等で使用する場合、ほとんど用いられない漢字は平仮名に改めた。

一、本文中、誤植の疑いがある箇所は、他の聖典等を参照し、適宜改めた。

一、本文中、意味や内容に関して註釈が必要と思われる箇所は註として括弧を入れた。

第一章　起死回生《きしかいせい》の道

吾々《われわれ》は何でも想像することが出来る。吾々《われわれ》の心はそう云《い》うように出来ているのであり、その意味において、心ほど無限なものはないのである。どんな善でも、英雄・金《かね》持《もち》・偉人・天才・栄誉・優勝その他《た》何であろうと、心で想像出来ないようなものは何ひとつないのである。しかもこの能力は神の手によって何人《なんぴと》にも等しく与えられているのである。金持だけが大富豪《だいふごう》を想像することが出来、スポーツマンだけが健康を想像し夢みる事が出来るという理屈《りくつ》はない。貧乏人《びんぼうにん》でも大富豪を夢みる事が出来る。「何だつまらぬ、夢みる能力だけを与えられていたって役には立たぬ」と言う人もあるだろう。しかしかく言う人は、想像なるものが何であるかを知らないに違《ちが》いないのだ。想像力《そうぞうりょく》というのは、創造力《そうぞうりょく》なのである。これは駄じゃれでも落語でもない、全《まった》く真実の話なのである。想像は必ず何らかの形で五官《ごかん》(註・眼・耳・鼻・口・皮膚の五つの感覚器官)の世界にあらわれてくるのである。「冗談《じょうだん》じゃあない！　もし吾々《われわれ》の想像したものが五官の世界にあらわれてくるならば、私はとうに東京都の長官(註・昭和十八年から昭和二十二年までの間、東京都制によって定められていた東京都の首長の名称)か、大蔵大臣《おおくらだいじん》(註・平成十三年の中央省庁再編によって大蔵省から財務省に名称が変更された）になっていただろう、馬鹿《ばか》げた話はやめて貰《もら》いたい！」と言ってはならぬ。諸君が現在ある状態は過去にかつて想像したところのものであるに違いないのだ。「私は医師になりたい、しかし私の頭の程度では、到底駄目《とうていだめ》だろう。」「僕は政治家になりたいが、地盤《じばん》がないし、財産もない、だから見込《みこみ》がない」かくして諸君は駄目《だめ》になり、見込がなくなったのである。服部仁郎《はっとりにろう》氏（註・明治二十八年徳島県生まれ。彫刻家。東京美術学校（現東京藝術大学）を経て、帝展無監査となる。生長の家入信後、自らの病はもとより多くの病人を癒した）は四国のさる士族《しぞく》（註・明治維新によって、それまでの武士の階層に与えられた呼称）の家に生れた。いくら武士の家であっても所謂《いわゆる》明治の御維新《ごいしん》で武士としての特権《とっけん》は失われ、殆《ほとん》ど丸裸同然《まるはだかどうぜん》である。氏はお兄さんと一緒に数里《すうり》（註・長さの単位。一里は約四キロメートル）もはなれた処《ところ》にある製材所《せいざいしょ》に通《かよ》って材木運搬等《ざいもくうんぱんとう》をした。それでその頃の相場《そうば》で一日働いて何十銭《なんじゅっせん》という収入であった。ところが氏の念願は彫刻家《ちょうこくか》になりたいという事であった。とうとう氏は東京へ行った。そこでこつこつ働いて僅《わず》かずつ学資をこしらえ、三十何歳かでやっと美術学校へ入学した。かくて今日御承知《こんにち》の如《ごと》く一流の彫刻家になられたのである。その間、食うや食わずやのような生活もされたのである。諸君は何々《なになに》になりたいと言いながらすぐあとでだが自分には時間がない、余裕《よゆう》がない、能力がない、何々がない、だから無理だという。もし諸君がその際に自分をとりまいている条件や不利等《とう》を一切考えないで、「これが自分の使命である。自分の心の底の願いはこれである。これによりてのみ自分は生《いき》甲斐《がい》を感じ得《う》るのだ。」との所信《しょしん》を断々乎《だんだんこ》として最後の最後まで持ちつづけるならば、誓って諸君はその思いを実現することが出来るのだ。貧乏が何だ。不健康が何だ。能力の不足が何であるか、余裕のない事など何するものぞ！　諸君が自分自身の所信《しょしん》を堅《かた》く持《じ》してゆるがさず、甘い誘惑《ゆうわく》やさそいかけと妥協《だきょう》することなく、自分の想像力を自分の欲する方向に向って常にそそぎかけておくならば、諸君の周囲からたちのぼる自信と想像の力は、必要なだけの資金をかり集め、必要な時間を自ら《みずか》発見し、適当な援助《えんじょ》者《しゃ》や激励者《げきれいしゃ》をよせ集め、かくて一旦《いったん》機会の女神が微笑《ほほえ》みを投げかけるとみるや、怒涛《どとう》の如《ごと》き勢《いきおい》を以《もっ》て予定の目的に向って大前進を開始するのだ。何ものをもおそるるな。何ものをも恐怖《きょうふ》するな。不安や恐怖《きょうふ》はそれだけ諸君の想像の実現力を減殺《げんさつ》するのだ。何もおそるるな、ただ不安と恐怖とを警戒せよ。そして驀進《ばくしん》せよ。

吾々《われわれ》と信条《しんじょう》を同じくするアメリカのユニティ教派《きょうは》からは、次のような話を伝えて来ている。不具《ふぐ》の女があった。彼女は重い支柱《しちゅう》でやっとその体を支えている。しかし彼女は己《おのれ》の心中《しんちゅう》に常に完全なる自分自身の肖像《しょうぞう》を描きつづけたのである。五官《ごかん》の世界では、車のついた椅子《いす》に腰かけていたのにもかかわらず、彼女はそんな事を気にしなかった。前途《ぜんと》を悲観的《ひかんてき》に想像することもなかった。それどころか、彼女の心は常に緑の草原の上をゴムマリのように跳《と》んだりはねたり、踊《おど》ったり、テニスやゴルフや水泳やいろんな楽しい屋外《おくがい》ゲームに熱中し歓喜《かんき》している若々しい自分を思い浮べていたのである。彼女は新聞の運動欄の記録に注意し、テニスや槍投《やりな》げの技術読本《ぎじゅつとくほん》をひもとき、まるで職業野球の選手が体育や技術の事について研究でもするように熱心であったのである。そして男女の有名なスポーツマンの美しいポーズを絵にかいたり、写真を切りとったりしてそれらを自分の周囲にはりつけたのである。彼女はそれを「宝の地図」と呼んでいた。かくして彼女は椅子《いす》から立上《たちあが》り、かつて彼女が想像したとおり緑の平原の上を走りまわることが出来たのである。諸君はウソだと思うか。ウソと思って自分自身の想像力《そうぞうりょく》の出口にふたをする人はそれだけの力しか発揮出来ないのだ。誰《たれ》も損《そん》はせぬ、しかし自分で自分が損《そん》をするだけの話なのだ。

しかし諸君よ、あせってはならないのだ。すべて物事が成就《じょうじゅ》するには時が要《い》る。所《ところ》が要《い》る。時間と空間とが必要なのだ。むろん、時間や空間はいつでもどこにも存《そん》在《ざい》する。しかし必要なのは最も適当な時であり、所であるのだ。諸君は西瓜《すいか》が欲しいと思うときに、その種を冬にまくか。西瓜《すいか》の種をコンクリートの中に埋《うず》めるか。すべて時をあやまってはならないのだ。あせって場所をまちがえてはならないのだ。種子《たね》と云《い》うのは想像力《そうぞうりょく》である。想像力が自分で自分は駄目《だめ》だとケチをつけることは種子《たね》が腐《くさ》ってしまったことだ。種子《たね》がある限り西瓜《すいか》はいつかは実現してくるのだ。ただ種子《たね》は自分に最適の時間と場所とを待たねばならぬ。時と所とを得た時、種子《たね》はまもなく発芽《はつが》し葉を広げ、そして忘れかけたころにはもう果実を結んでいるのである。幸運な人々は直《ただ》ちに恰好《かっこう》の時と所とを発見するだろう。しかしすべての人々がそうであると云《い》う訳にはゆかない。そのような場合に、気を腐《くさ》らせたり、あせったりしてはならないのだ。そして今おかれている環境《かんきょう》の中で黙々《もくもく》と全力をつくし、真心《まごころ》をつくすのだ。諸君が真心をつくしておれば宇宙のどこかでその雰囲気《ふんいき》を感じて、君自身の雰囲気に似通《にかよ》った何ものかが君をひっぱりよせるために見えざる力を加えはじめるのだ。或《ある》いは逆に君自身が自分の周囲に宇宙の真心《まごころ》をひっぱりよせるのだ。そして着々と君の為に必要な条件や準備をいつのまにかこしらえあげていってくれるのである。辛抱《しんぼう》強《づよ》くあれ、吾々《われわれ》日本人は物事の成果がすぐ目の前にあらわれてくれないと地団駄《じだんだ》ふんでくやしがったりいらいらしたりするのだ。目の前にすぐあらわれてくるようなものは小さいものだ。大きなものはおいそれとはすぐ出てこないのだ。箸《はし》とか釘《くぎ》とかいう物はすぐ造る事が出来る。しかし諸君よ、巨大な機関車やクイーン・エリザベス号や丸の内ビルディングは一日や二日や一週間で出来上《できあが》るものではないのだ。すぐ目の前にあらわれてこなかったら、かく自分に言いきかせよ。「まだ五官《ごかん》の世界にあらわれてこないのは、それが自分の想像以上に巨大であり素晴《すば》しいものであるからなのだ」と。

想像力《そうぞうりょく》と辛抱強《しんぼうづよ》さが先ず大切である。そして次には自信力《じしんりょく》が大切だ。自信の力の深さというものは、横車《よこぐるま》を押したり他人をおしのけたりすることを云《い》っているのではない。へこたれないことだ。絶望しないことだ。何度も何度も不死身の不倒翁《ふとうおう》の如《ごと》く立上《たちあが》ることだ。神の子としての自信を失う事勿《なか》れ。ちょっとした失敗や思わしくない事件や、他人の批判等《とう》にめそめそして勇気をなくしてしまわぬことだ。諸君は信ぜよ、人間と云《い》うものは案外死なないものなのだ。かつて食糧危機云々《しょくりょうききうんぬん》の為に一千万人餓死《がし》説《せつ》(註・大東亜戦争直後、日本国内は極度の衣食住の不足に陥り、一千万人が餓死するとの説も流布された)が宣伝された。しかしその半分の人でも餓死したであろうか。運命というものは意外な方向から開けて来て人を救うのだ。アメリカの好意ある小麦粉やカンヅメが放出されて何人かの餓死予定者が救われた。宇宙には深切《しんせつ》なまごころがみちている。いざという時にはその宇宙にみちみちている人間を生かし人間を助けずにはおかない聖霊《せいれい》の力が働きかけてきて、人間には到底不可能事《とうていふかのうじ》と思われることでもなしとげるのだ。この聖霊の力、大宇宙に遍満《へんまん》する愛と力の神を信ずる者は、原子爆弾の直撃下《ちょくげきか》にあってもなお救われるのである。広島にも長崎にもその生きた証人《しょうにん》がいるのである。亀井潔人《かめいきよと》氏（註・財団法人世界聖典普及協会第二代理事長）は、終戦後満洲蘇家屯《まんしゅうそかとん》（註・中国東北部の奉天（現在の瀋陽市）にある地区）にて捉《とら》えられ、牢獄《ろうごく》に投げこまれたのであったが、端坐合掌《たんざがっしょう》して無限力なる御祖《みおや》の神に「人間は全《すべ》て神の子として自由自在《じゆうじざい》である。吾等《われら》すでに自由を与えられたり」と黙念《もくねん》して祈った時、奇蹟《きせき》の如《ごと》くそのかたい牢《ろう》の扉は開かれて解放されたのである。諸君よ、押し強くあると同時に、神に祈れ！　神に祈る時不可能は可能となり、如何《いか》なる嶮岨《けんそ》なる坂道も平《たいら》かとなるのだ。神の力は常に吾々《われわれ》の周囲に充満している。諸君がその神に「父よ！」と呼びかけさえするならば、救いの霊波《れいは》は諸君をとりまき、如何《いか》に絶望的に見えた事件であっても起死回生《きしかいせい》するのだ。されば諸君よ、一切の疑いを去り迷いをとりのけ、不安といらだちの心をふりすてて、今直《ただ》ちに速刻《そっこく》神の愛と力とを信ぜよ。しかしてかく念ぜよ。「神は全知全能《ぜんちぜんのう》であり給《たま》う。神はかぎりなき愛と力であり給《たま》う。神は常に吾《われ》を愛し給《たま》う。神よ、神は常に吾《われ》を愛し給《たま》う。」と。

第二章　運命を超える道

「運命」というものは何でありましょうか。その正体《しょうたい》は如何《いか》なるものでありましょうか。それは「メグル・イノチ」という文字が使われております。それは「因縁循環《いんねんじゅんかん》してあざなえる縄《なわ》の如《ごと》し」という諺《ことわざ》にあるように、原因と、ふれる縁《えん》とが互《たがい》に熟《じゅく》してやがてメグリ来《きた》る必然的《ひつぜんてき》な結果をいうのでありまして、それが必然的に至上命令の如《ごと》く来てまいりますから「運命」という熟語《じゅくご》ができたのでありましょう。自分の現在の運命の原因は如何《いか》なるものであるか、はっきり自分にもわかることもありますが、それがはっきりわからないことがあるのは、それは余《あま》りにその原因が過去古きときに作られているために忘れられているからでもありますが、潜在意識《せんざいいしき》、即ち無意識《むいしき》の世界に於《お》いて、人を憎んだり嫉妬《しっと》したりしたようなことが原因となっております場合には、原因がわかりにくいのであります。又更《さら》に、その原因が前世《ぜんせ》(即ちこの世に生れ更《かわ》るまでの生活)に於《お》いて造られたる場合もありますので、その運命の原因が那辺《なへん》にあるかわからないというようなことになるのであります。人間が生れ更《かわ》って過去世《かこぜ》の原因を現世《げんぜ》に背負うということについては『世界光明思想全集』(註・全四〇巻。昭和二十一年六月に第一巻を発行し、五年後の昭和二十六年五月に完結）の第三十冊及び第三十一冊に谷口清超《せいちょう》先生が『人間は果して生れ更《かわ》るか』という題で詳《くわ》しく述べておられますから私は別にここにはその理論は説かないことにしますが、関口野薔薇《せきぐちのばら》氏の『実証的精神科学《じっしょうてきせいしんかがく》』という本には次のような事実が書かれています。興味があるので再録《さいろく》することに致します。——

「印度《インド》の首都デーリー市の商人に、ラングベハリエル・マスーアという人があって、その家にシャンチ・デビと名づけられた女の子があった。この女の子は前世《ぜんせ》での生活をはっきり記憶しているという噂《うわさ》なので、ゲアワル氏はこの子が九歳の年に、デーリー市の小学校を訪ねて、この子と及びその教師とに会い、親しくシャンチと語って事実をたしかめたのであった。シャンチは生れて四歳となるまで何もいわなかったが、ようやく舌が動きだすと、食事毎《ごと》にその場の御馳走《ごちそう》と前世の食物とを比較してかれこれと批評するのであった。又母が着物を造ってやるとそれを前世の着物と比較して喜んだり悲しんだりした。彼女は現在の父母であるマスーア夫妻に親としての敬愛を捧《ささ》げているが、又前世の家族に対するなつかしい愛情を感ずるといっていた。彼女の記憶にのぼる事実として、彼女の前世はムットラという町に住《す》まい、その夫は呉服屋《ごふくや》を経営していた。その家は黄色に塗《ぬ》られ、食料品店の向《む》こう側《がわ》にあり、又家の近くに一つのお宮《みや》があった。彼女は又前世《ぜんせ》に於《お》いて一人の娘と二人の息子とを生んだが、その末子《すえっこ》の生れた後《のち》間もなく病気となって四十五歳で世を去った。彼女は美しい首飾《くびかざ》りを常に身につけていた。その夫の頬《ほお》には大きなほくろがあった。……等々《とうとう》のことがシャンチの記憶に浮ぶということであった。そこでデーリー小学校の校長はシャンチに同情を寄せ前世《ぜんせ》の夫たりしムットラ町《まち》のゲタルナシス氏に手紙を送った。ゲタルナシスはその従兄《いとこ》のカンジマル氏がデーリー市に住んでいるのを幸い、カンジマル氏に依頼してシャンチという娘をしらべさせた。カンジマル氏の調査の結果ゲタルナシス氏はシャンチが我《わ》が妻の生れ更《かわ》ったものだと確信がついたので、その次男と二度目の妻とをつれてデーリー市に至り、親しくシャンチに会った。シャンチは前世での夫と息子とを今世《こんぜ》に見て、ただちにそれと知り、共に親しく一日を語り過したということである。」(北米加州(註・アメリカ・カリフォルニア州)サンタバーバラに住む印度人《インドじん》リシ・シング・ゲアワル氏著一九三九年の出版物による)

更《さら》に関口野薔薇《せきぐちのばら》氏は次のような実例を掲《あ》げている。――「羅府《らふ》(註・アメリカ・ロサンゼルス)万教 教会《ばんきょうきょうかい》のパラマンサ・ヨガナンダ師(註・一八九三年インドに生まれる。ヨガをはじめて西欧に伝え、後カリフォルニアに渡り団体を設立した)が印《イン》度《ド》のランチという所で修道学園《しゅうどうがくえん》を経営していたころ、ある日生徒一同を連れて、八マイル程隔《ほどへだ》てた小丘《こおか》に遊行《ゆうこう》に行ったことがあった。一同はすずしい樹蔭《こかげ》で師を囲み、色々の話をしていたが、数名の生徒が自己の将来を占《うらな》って欲しいとヨガナンダ師に懇請《こんせい》した。カシと名づけられた十二歳の少年が『先生私の運命はどうでしょうか』とたずねた時、お前は間もなくこの世を去るであろうとの言葉が思わずヨガナンダ師の口から出たのであった。師は悪いことを云《い》ったと後悔《こうかい》したが、何ものかにいうべく導かれたのであって、今更詮《いまさらせん》なきことであった。学園に帰った後《のち》、カシは園長室に入って、『先生、私が死んだら生れ更《かわ》った所をみつけまして再び宗教の道に導いて下さい』と、すすり泣きをしつつ歎願《たんがん》するのであった。暑中 休暇《しょちゅうきゅうか》となったので、ヨガナンダ師は数日間の旅行の途《と》についた。その後《ご》にカシの父が学園に来て、カシの拒《こば》むのをもきかず、無理に寄宿舎《きしゅくしゃ》からカシを連れ出して、カルカッタ(註・現在のコルカタ)にいる妻(カシの母)の所に同行した。ヨガナンダ師がランチに帰ったのは、カシがカルカッタに連れて行かれた三、四日の後《のち》のことであったが、気にかかる儘《まま》汽車にのってカルカッタに行き、駅より馬車にのりかえて、カシのいる家に行こうとした。不思議《ふしぎ》なことに馬はガンジス河にかけてあるキーラ橋を渡った。するとその橋の上でカシの父と親族の人達とが喪服《もふく》を身につけているのにヨガナンダ師は出逢《であ》った。馬車から下《お》りて話をきくとカシはカルカッタで急性コレラに罹《かか》り他界したというのである。その後六ヶ月の間、ヨガナンダ師は歩く毎《ごと》に両手を高くかかげて、霊界《れいかい》よりの波動《はどう》の感応《かんのう》を待った。およそ六ヶ月目の或朝《あるあさ》、師が二、三の友人と共にカルカッタ市のボウバザール地方を歩いていると、始めて上からの霊感《れいかん》が指から手掌《てのひら》に、手掌《てのひら》から腕に伝《つたわ》って来た。間もなくその波動が思想波動と変り『我《われ》はカシである』という言葉がはっきりとヨガナンダ師の想念《そうねん》の中に浮んで来た。不思議《ふしぎ》にも霊波《れいは》はますます強く上から伝《つたわ》って来て師の体はぐるぐると廻《まわ》り始めた。かくして廻りつつ歩いている中《うち》に、師の体はいつの間にかサーペンチン道路という所に来たが、友人達もまたそれに随従《ずいじゅう》して来るのであった。『わかった。カシの霊《れい》はこの道路のある人の家に新しき胎児《たいじ》となって宿っているに違いない』とヨガナンダ師は友人に語った。サーペンチン道路をまっすぐと進むと、行けば行くほど霊感《れいかん》が強くなり、その道の右側に一軒の家をみた。ここに違いないとヨ師（註・ヨガナンダ師）は友人と共にその家の戸をたたいた。家の主人が戸口《とぐち》に出てその妻が現在身ごもっていることをヨガナンダ師に告げた。ヨガナンダ師が宗教教師であることをその着衣《ちゃくい》によって知った主人は、何事も信じてきくのであった。『やがて美しい容貌《ようぼう》の男の子が生れる。そしてその顔は横に広くて方形《ほうけい》をなし、髪は厚くて黒いであろう。性質はいたって精神的で、宗教に深い関心をもっている』と、ヨガナンダ師はその家の主人に話してそこを去った。その子が生れて数ヶ月の後《のち》、その同じ家をヨガナンダ師がたずねてみると果して男の子が生れ、その名も旧名と同じく、カシとつけてあった。カシはヨガナンダ師をみるとにっこり笑って、嬰児《えいじ》ながら愛敬《あいけい》の念をおこしたかに見えた。カシは十歳の年に米国にいるヨガナンダ師に手紙を送った。師は早速返書をしたためヒマラヤの某《ぼう》教師にカシを生徒として推薦《すいせん》したのである。」

以上のような実例は時々あるのであるが、普通そんなに早く生れ更《かわ》ってくるのは極稀《ごくまれ》であるとせられているのであります。過去の生涯《しょうがい》に於《お》ける色々の精神的汚《けが》れが多いもののほど幽界《ゆうかい》にいる期間が多くて、再び地上に出て来るまでの間隔《かんかく》が長いのであります。人間が地上に生れて、胎児出生《たいじしゅっしょう》の最初の瞬間からそのスタートが平等にされていないのは、過去の原因(業《ごう》)の結果によるのでありまして、横に他《た》の人と比較してみると、不平等に見えますが、縦《たて》に自分の思い且《か》つ行《おこな》った原因に比較してみると同じ種類のものが、同じ強さをもって実現しているのでありまして、従ってそれは原因に対して、等価《とうか》値《ち》の結果が出て来ているという点について平等なのであります。従って自分が原因を造っていない結果というものはありようがないのであります。人になぐられるのはなぐられるような原因を自分が過去に造ったことがあるからであって、自分が害《がい》したこともないのに害されるということはないのであります。だからキリストは「汝《なんじ》の右の頬《ほお》を打つものあらばこれに左の頬をも打たせよ。汝《なんじ》を訴えて下衣《したぎ》をとらんとする者には上衣《うわぎ》をもとらせよ。人もし汝《なんじ》に一里《いちり》行くことを強《し》いなば、ともに二里を行け、汝《なんじ》に乞《こ》うものに与え借《か》らんとするものを拒《こば》むな」（マタイ伝第五章三十九～四十二）と教えているのであります。すべてこれらのことは結果であって、結果はそれにすなおに従うことによって、結果の惨害《さんがい》から超越することができるのであります。野球のボールを受けるのでもそれを排斥《はいせき》するようにして受けると手掌《てのひら》に非常にいたみを感ずるのでありますが、それを自分の方《ほう》にひきよせるようにして、すなおにそのまま受けるようにすると、そのいたみから超越することができて苦痛が苦痛でなくなるのであります。

前述《ぜんじゅつ》の例に於《お》いて少年カシはその父が無理にカルカッタへ連れて帰らなかったらコレラに罹《かか》らなかったかも知れないけれども、すでにそれはヨガナンダ師が予言した如《ごと》くカルカッタに連れ帰られて間もなくこの世を去る運命になっていたのであります。この場合運命を超える道は、来たるべき運命に対して悲しみなげくということではなく、「先生、私が死んだら生れ更《かわ》った所を探しだして再び宗教の道に導いて下さい」とその運命をすなおに受けて、その受けた運命の中で最善に生活することが、それがその運命を超えて更《さら》に善き運命を導き出す最善の方法であったのであります。神は決して悪を創造し給《たま》わなかった。すべての創造は善なのであります。地上の世界から霊なる世界へ、霊なる世界から地上の世界へ我々の魂が移行するのは転任毎《てんにんごと》に官職《かんしょく》が上《あが》って行く嘗《か》つての日本の官吏《かんり》のように、我々は決して死滅《しめつ》するのではなく、その移住毎《ごと》に魂が浄《きよ》められ高められ、より一層高き完全なる実相《じっそう》が実現するのに導かれるのであります。だから、運命に従順であることは運命を超える唯一《ゆいいつ》の道だということができるのでありま す。悪は本来存在《そんざい》しないのであって、悪と見え苦しみと見えるのは、結局それの受け方が悪いからなのであります。落差の高い瀧《たき》の水は、それをすなおに受けることによって水力タービンを回転し、人生を照らす電灯《でんとう》の光と成《な》ってくれるのであります。しかしそれに逆《さから》う時、吾々《われわれ》は瀧壺《たきつぼ》の中で瀧の水に打ちひしがれ打ちくだかれて死んでしまうほかはないのであります。簡単にいえば自己の運命の改造はそれに対する受け方にあるのであります。運命を呪《のろ》うか、運命をいたわるか、運命を尊敬しそれを従順に受けるかにあるのであります。しかしただ受けるだけではただ過去の原因に対する結果を果しただけであります。たんに過去の原因の結果を果しただけでそれでいいというわけのものではありません。水力タービンは回転しなければなりません。回転しなければタービンは水力電気を起すことはできず、たんなる水力が百万燭光《しょっこう》の光となって世を照すことができないのであります。

運命をすなおに受け、それを尊敬し従順に従うのは運命をこえる消極的面《しょうきょくてきめん》でありまず。それだけでは原因が結果に於《お》いて果たされただけであって更《さら》に前進するということがないのであります。そこで運命を超えるには更に前進することが必要であります。タービンの回転が必要なのであります。タービンは何故《なぜ》回転するか。それはたんなる水の落差の力だけではありません。タービンを適度の形に工作した所の「働き」が加わっているのであります。運命をこえて更に前進するには運命を尊《とうと》んですなおに受けて更《さら》にそれを契機《けいき》として生命を働かすことが必要なのであります。それは善き花となる種子《しゅし》を蒔《ま》くことであります。それは人を愛することであります。愛するだけでなく愛を行《ぎょう》ずることであります。キリストは、「人その友のために生命《いのち》を捨つるこれより大《おお》なる愛はなし」といっているのであります。自己没却《じこぼっきゃく》が自己の運命改造の出発点となるのであります。「一つぶの麦地に落ちて死なば多くの実《み》を結ばん」とキリストはいいました。自分を没却《ぼっきゃく》して他《た》に与えきった時、一粒万倍《いちりゅうまんばい》の実を結ぶのであります。これが運命を超越する秘訣《ひけつ》であります。瀧《たき》の水を数千尺《すうせんじゃく》(註・長さの単位。一尺は三〇・三センチメートル)の高さからひきおとす重力の法則にすなおに従いながら、そこから発した電流はやがて一層高き所に伝《つたわ》って世を照す百万燭光《しょっこう》の光となるのであります。

生れ更《かわ》りの実例等《とう》をあげましたから、人間はそれが宿命《しゅくめい》によって、定められている運命であってどうすることもできない自分の宿命だと考える人があるかも知れませんが必ずしもそうではないのであります。神は決して或《あ》る人を、その統制力《とうせいりょく》によって、甲《こう》はある場所に生れしめ、乙《おつ》は富豪《ふごう》の家に配給《はいきゅう》し、丙《へい》は貧窮《ひんきゅう》の家に配給《はいきゅう》するというようには、その専制君主的《せんせいくんしゅてき》な力を揮《ふる》われるのではないのであります。吾々《われわれ》が生れ更《かわ》るのは自《みずか》らの過去の業《ごう》によってちょうど自分の業《ごう》の波動にふさわしい波動をもった父母の所へ生れ更《かわ》ってくるのです。即ち父母の業《ごう》と、その人の業《ごう》とは結局類似《るいじ》のものでありますから、類似のものがそこへ展開してくるのであります。従って祖先の業《ごう》は自分の業《ごう》であり、自分の業《ごう》は祖先の業《ごう》であるということができるのであります。出《しゅつ》エジプト記第二十章には「吾《われ》エホバ汝《なんじ》の神はねたむ神なれば吾《われ》を憎む者に向いては父の罪を子に報《むく》いて三四代《さんよだい》に及ぼし、吾《われ》を愛し吾《わ》がいましめを守る者には恩恵《めぐみ》をほどこして千代《せんだい》に至《いた》るなり」と書かれておりますが、旧約聖書《きゅうやくせいしょ》をよむ場合に注意しなければならないのは、エホバ神《がみ》とは、実は因果《いんが》の法則《ほうそく》の擬人化《ぎじんか》したものであって、因果の法則は終始一貫《しゅうしいっかん》して一つでありますから他《た》に法則ありと考えることをきらうのであります。それが「ねたむ神」という意味であります。「吾《われ》を憎む者」と云《い》うのは因果の法則を無視する者という意味でありまして、因果をくらましてはならないことを現しているのであります。すべて人間が王侯君主《おうこうくんしゅ》に生れて来たり、卑賤《ひせん》な貧窮者《ひんきゅうしゃ》に生れて来るのは自《みずか》らの業《ごう》のしからしむるところなのであります。運命は外から来るのではなく自《みずか》らが造ったものでありますから因果をこえて新たなる運命を創造するのは自分自身の力にあるのであります。

すべての人間は平等に造られているのでありまして、その本質は完全であり、完全なる自由をもっていて、自由に自分の想念《そうねん》及び行動によって自分の現在の状態を創造したのであります。だから本質は平等であり、現在の運命は不平等なのであります。しかしそれは課せられたる不平等ではなく、自己が創造したる不平等であります。現在多くの善人が苦しんでいるように見え、又悪人と見えるようなものが栄えているように見えようとも、それは吾々《われわれ》がその人の生涯《しょうがい》を数代《すうだい》に亘《わた》って検《しら》べてみることができたなら、そこに現れている彼の苦しみは、結局彼自身の創造せるものであることがわかるのであります。因果《いんが》の法則《ほうそく》はあざむくことができないのであります。蒔《ま》いた種《たね》は刈りとらなければならないのであります。キリストはこれを『天地のすぎ行かぬ中《うち》に、律法《りっぽう》の一点一画《いってんいっかく》もすたることなく、悉《ことごと》く完《まっと》うせらるべし』（マタイ伝第五章一八）といっているのであります。現在この世界に現れている人類の苦悩《くのう》は、結局数百代又はそれ以上に亘《わた》る長い期間に於《お》いて人間の心が世界に注《そそ》ぎこんだ想念《そうねん》の具象化《ぐしょうか》であって、「争い奪う心」がその業因《ごういん》となって、ちょうどそれだけの等量《とうりょう》の争いが実現しているのであります。

かかる人類の苦難《くなん》にみちた運命を転回して平和の世界をもち来たすためには「争い奪う心」をすてて、「天地一切のものに和解《わかい》する心」を人類に弘《ひろ》めるほか仕方《しかた》がないのであります。「和解」は「争う心」の業《ごう》を消滅《しょうめつ》し、「愛し与える心」は「奪う心」を中和《ちゅうわ》せしめ、かくて人類相互の間に横たわって来た一切の争闘の因《もと》も消えてしまうのであります。吾々《われわれ》は今までもっていた「戦いとる」という言葉をすてなければならないのであります。そしてこれを「求めず与える」という言葉に変えなければならないのであります。すべてのこの世界の葛藤《かっとう》と争いと苦しみとは、「機会があればいつどこでもできるだけ多く奪う」という精神から来ているのであります。吾々《われわれ》はかくの如《ごと》き精神を「いつどこでも機会があればお役に立たせて頂きましょう」という精神にかえなければならないのであります。こちらが人に与えるのは、その報《むく》いを期待するがためであってはならないのであります。もし報《むく》いを期待する精神で何かを与えるならば、その報《むく》いが予想した時に予想した形で来なかった時には怒りや憎みに転ずるのであります。それがすべて人類の争いの原因となり葛藤《かっとう》の原因となっているのであります。

運命をこえる道は「報《むく》い求めぬ愛」の実践《じっせん》にあるのであります。愛に我欲《がよく》が混入《こんにゅう》する時には、それが男女間に働いては、単なる肉欲《にくよく》の満足となり、愛が富に働いては、飽《あ》くなき貪欲《とんよく》となり、愛が名誉や権力の方面に働いてはそれは尽きざる争闘となるのであります。それは「愛」の外見《がいけん》をとっていますけれどもその結果はすべて他《た》を押しつぶして、或《あるい》は他《た》から奪って、自己の欲望を満足せしめようとするのでありますから、その必《ひっ》然的結果《ぜんてきけっか》は、「与えた力だけの反作用《はんさよう》がある」という力学的法則《りきがくてきほうそく》に従って自己破壊的《じこはかいてき》に働いてくるのであります。そこから色々の苦しみ、悩み、病気不幸等《とう》が現れて来るのであります。

吾々《われわれ》が毎日何を思っているか、何をしているかということは、その人の運命を日に日に新たに築き上げつつあるのであって、それが即ち運命をこえるところの方法なのであります。吾々《われわれ》は自分の運命を建設することもできれば破壊することもできるのでありす。船を沈没せしめる重力の法則が、又船を浮かせる法則なのであります。因果《いんが》の法則《ほうそく》をこえる道は又因果の法則によるのであります。すべて形あるものは、吾々《われわれ》の運命にせよ境遇《きょうぐう》にせよ、心の波の具体化したものでありますから、心の波を変化することによって、それを善き方《ほう》に変化することができるのであります。更《さら》に吾々《われわれ》にとって幸福なことは吾々《われわれ》の実相《じっそう》が「神の自己実現」であるということであります。そしてあらゆる表面の「過去に造った色々の業因《ごういん》」もその実相に比《くら》ぶれば、何等積極的力《なんらせっきょくてきちから》がないということであります。この実相の中へとびこんでしまえば、雲は出ていてもその上にある青空の世界へ超入《ちょうにゅう》してしまうのと同じように、業因《ごういん》の中におりながら業因を超越してしまうことができるのであります。

佐世保《させぼ》に吉田育代《よしだいくよ》さんという人があってその人の子供が癲癇《てんかん》に罹《かか》ってどうしても治らなかった。そこで、ある人にすすめられて毎日その子のために『甘露の法雨《かんろのほうう》』（註・昭和五年に編著者が霊感によって一気に書き上げられた五五〇行に及ぶ長詩。聖経と称され、『甘露の法雨』の読誦により今日に至るまで無数の奇蹟が現出している）をよむことにしたのであります。毎日熱心に『甘露の法雨』をよんでいまして、ある朝自分が鏡をみると、今まで自分の眼《め》の周囲に紫黒色《しこくしょく》に腫《は》れ上《あが》ったようになっていた痣《あざ》が、きれいに消えてしまっていたのであります。この生れつきの痣《あざ》というものは、祖先の業因《ごういん》が子孫に現れているものでありますが、その痣《あざ》が消えたということは、結局祖先の業因が『甘露の法雨《かんろのほうう》』を読《とく》誦《じゅ》することによって超越《ちょうえつ》できたということを現しているのであります。『甘露の法雨』には、「人間は神より出《い》でたる光なり、光のなき光源《こうげん》はなく、光源のなき光はなし。光と光源《こうげん》とは一体なるが如《ごと》く人間と神とは一体なり。神が完全なる如《ごと》く人間も完全なり」という真理が書かれているのでありますから、その真理の言葉の中にとけこむことによって、「人間は顔に痣《あざ》がある不完全な存在なり」という業因《ごういん》を超越《ちょうえつ》してしまったのであります。即ち先祖又は、前世《ぜんせ》に於《お》いて冒《おか》されたる業因も、実相《じっそう》の真理の中にとけこむ時それが自《おのず》から超越せられてしまうことが実証《じっしょう》せられたわけであります。ところがその治そうと思っていた子供の癲癇《てんかん》はその時はなお治らなかったのであります。それは何故《なぜ》かというとその癲癇《てんかん》という病気があるということを認め、それを「治そう、治そう」と思って、常に「癲癇《てんかん》」を心に描いておりますから、いつも雲の中にさ迷《まよ》うているようで、青空の中に超出《ちょうしゅつ》できなかったからであります。もっともこの癲癇《てんかん》で尚一所懸命《なおいっしょけんめい》に、『甘露《かんろ》の法雨《ほうう》』を読誦《とくじゅ》しその真理に溶《と》け込むことによって、その一ヶ月半後には完全に治ってしまったそうであります。このように、悪《あ》しき運命を超越するには、悪しき運命を「あり」と思ってその想念《そうねん》が現在の「悪しき運命」に縛《しば》りつけられていてはならないのであります。泥沼《どろぬま》の中に足をつっこんでいる限りはそこから浮び上ることはできないようなものであります。よろしく心を現在の不幸の中にとらえられしめず、すでに「吾《われ》神の子なり完全なり」と自覚して、そして神の愛を他《た》に対して行《ぎょう》ずる時、神が自分自身に於《お》いて実現し、あらゆる悪《あ》しき運命が超越《ちょうえつ》せられてしまうのであります。

第三章　自己本来の神性《しんせい》

この世界は神自身の自己表現の世界である。ともかくこの世界がこの世界の如《ごと》くあるということは否定しがたいところの神秘的な事実であって、この世界をかくの如《ごと》くあらしめているところの神秘なる力を称して、ここでは「神」ということにする。

さて神はまず星雲《せいうん》を造り、星雲は凝固《ぎょうこ》して天体となり、この宇宙に地球が出現したのである。すべての物質はエーテル（註・真空中に光の波を伝える媒体とされるもの）中《ちゅう》の旋渦《せんか》（註・うずをまいて回ること）であるところの電子の集合であって、エーテルは波を起さない時には全然「無《む》」である。無より一切のものを生ぜしめたるところの不可思議《ふかしぎ》なる力を神という。即ちこの世界は次の方程式《ほうていしき》の如《ごと》くなる。

無＋神＝この世界

∴　神＝この世界

即ちこの世界は神の自己実現の世界なのである。まず地球がこの世界に生じたということはこの世界に鉱物《こうぶつ》が生じたということである。鉱物は神の最初の第一歩の自己実現であったのである。鉱物は死物《しぶつ》の如《ごと》く考えられているけれどもその運動及び化合《かごう》の法則は一定の智慧《ちえ》によって支配されているのであって、決して出鱈目《でたらめ》の運動及び化合《かごう》を行うことがないが故《ゆえ》に鉱物《こうぶつ》は神の智慧《ちえ》の表現であるということがわかるのである。智慧は生きているものの特性である。結局鉱物も生命の表現であるということができるのである。

かくて神はまずその生命と智慧とを鉱物に表現し、更《さら》に尚一層完全なる状態にまで進化して、植物と現《あらわ》れ、動物と現れてきたのである。植物に於《お》いては、尚《なお》完全に精神というものが現れていないのであるが、動物に到《いた》って初めて、精神というものが現れてきたのである。しかしその精神たるや、本能と快不快《かいふかい》の感覚と或《あ》る種の感情とに限られているのであって、完全なる知性《ちせい》又は理性《りせい》は見られないのである。人間に於《おい》てはその知性《ちせい》又は理性《りせい》の発達は最高度に達したのであるが、その代り本能の力は動物に劣《おと》っているが如《ごと》く見えるのである。本能は考える事なしに食物《しょくもつ》の適否《てきひ》を見分け或《あるい》は適当の季節に性的衝《せいてきしょう》動《どう》を起さしめる。しかし人間は本能によらずして食物の適否を見分け、性問題の解決をしなければならないのである。人間がその知性が発達するに従って愈々《いよいよ》智慧で解《わか》らない事が生じ、ここに智慧の行きづまりを生ずるのである。かくて或《あ》る特殊の人に於《お》いては心《しん》霊的《れいてき》な力が発現《はつげん》し、霊感《れいかん》によって、知性《ちせい》の知り得ないものを知るのであるが、その神霊《しんれい》力《りょく》には、霊媒的《れいばいてき》な神霊力と霊媒的ならざるそのまま神と一体なるところの神霊力とがあるのである。霊媒的なるものは、二重人格的《にじゅうじんかくてき》に現れてくるのであるが、そのまま神と一体なる境地《きょうち》に於《お》いては、二重人格的には現れず、自分自身そのままの言行《げんこう》がそのまま神の表現となるのである。

上記の神の自己表現の発達段階を列記《れっき》すれば次の如《ごと》くなる。

一、鉱物的段階《こうぶつてきだんかい》
二、植物的段階
三、動物的段階
四、本能及び快不快《かいふかい》の感情で動かされる段階
五、知性《ちせい》及び理性《りせい》による段階
六、霊媒的神霊力《れいばいてきしんれいりょく》を発揮《はっき》する段階

七、神の全相《ぜんそう》が完全に現れる段階

以上の如《ごと》き段階を経《へ》て、神の完全なる生命は徐々《じょじょ》に現象界《げんしょうかい》に現れてくるのである。人間は神の完全なる自己表現として、以上のすべての段階を自分の中に含んでいるのである。鉱物的成分も自分の中にあるのである。だから鉱物的法則からも免《まぬが》れることは出来ない。だから青酸《せいさん》カリを飲んで、それに害《がい》されるということからも免《まぬが》れることは出来ないのであり重力の法則からも免《まぬが》れることはできない。だから巨大なる物体の下敷《したじき》になれば圧死《あっし》することを免《まぬが》れることも出来ないのである。更《さら》に人間は、植物性の食物《しょくもつ》をとって生活しなければならないから、その法則から免《まぬが》れることも出来ないのである。又多くの動物は吾々《われわれ》に対して必要なる食物を提供し、又生活に必需《ひつじゅ》なる色々の資材《しざい》をも提供する。吾々《われわれ》の肉体は明らかに動物的性質をもっているのであるから食欲及び性欲の支配から免《まぬが》れる事は出来ない。しかし、人間はこれだけではないのである。人間は明らかに自己の中に鉱物《こうぶつ》と植物と動物とを包容《ほうよう》しながら、その上に単に本能及《およ》び快不快《かいふかい》によって動く精神以上に、知性《ちせい》及び理性《りせい》によってそれらの三段階を超えるところの神の智慧《ちえ》を表現するのである。更《さら》に進んでは神霊力《しんれいりょく》を発揮《はっき》して神そのままの大自在境《だいじざいきょう》を実現するのであり、もしそれが実現し得なかったならば、人間として生れた価値はないのである。

人間はこれらの七つの世界を自分の中《うち》に包容せるものであるから、そのすべてを満《まん》遍《べん》なく発達せしめることが、本当に完全なる人間性を発揮するということになるのである。多くの人達は鉱物《こうぶつ》的、植物的、動物的方面であるところの肉体の発達のみを人間美の発達であるとして大いに運動を奨励《しょうれい》するのであるが、人間はそれらの発達以上に更《さら》に進んで精神的、霊的《れいてき》、神的《しんてき》なる霊性《れいせい》を発揮《はっき》しなければ、完全なる人間だということが出来ないのである。無論《むろん》肉体的方面の発達も必要であるのであって、その発達の基礎の上に於《お》いて霊性が発達しなければならないのである。肉体的発達と知性的発達と霊性的発達とが完全にバランスを得た人が、真に「完全人《かんぜんじん》」ということが出来るのである。

或《あ》る種の人々は精神面のみ発達して肉体が非常に貧弱《ひんじゃく》であるけれども、かくの如《ごと》きも又完全なる人間とは云《い》い得ないのである。特に注意すべき事は、肉体の衰弱《すいじゃく》に伴《ともな》うところの霊的過敏性《れいてきかびんせい》であるのである。肉体は粗雑《そざつ》なる物質的ヴァイブレーションによって成りたっているが故《ゆえ》に多くの場合に於《お》て、肉体が非常に強健《きょうけん》なる人に於《お》てはその人の肉体的ヴァイブレーションが霊体《れいたい》のヴァイブレーションを圧迫《あっぱく》して霊的感受性《れいてきかんじゅせい》を抑制《よくせい》しているものである。従って鋭敏《えいびん》なる霊感《れいかん》を発達せしめようという最初の修行《しゅぎょう》に於《お》ては、断食《だんじき》、水行《すいぎょう》その他肉体を或《ある》程度まで酷使《こくし》し、重濁《じゅうだく》せる肉体的ヴァイブレーションの力を稀薄《きはく》ならしめて、その人の霊的《れいてき》ヴァイブレーションを発現《はつげん》し易《やす》きように解放し、以《も》って、最初の霊的感受性が開発されるという事もあるのである。古来、仙人等《せんにんとう》が山に籠《こも》って殆《ほと》んど絶食《ぜっしょく》に近い少しばかりの食物《しょくもつ》をもってその身を養い霊能開発《れいのうかいはつ》を修業《しゅぎょう》したのもその原理を応用したのである。しかし一度《ひとたび》その人の霊的感受性が開発された後《のち》には、いつまでも肉体を苦しめて虚弱《きょじゃく》ならしめる必要はないのであって、もし余《あま》りに肉体を虚弱ならしめ、肉体的脳髄《にくたいてきのうずい》の器官を通して活動するところの正常なる精神の批判《ひはん》力《りょく》を弱らしてしまう場合には、時として低級霊《ていきゅうれい》なる動物霊《どうぶつれい》の如《ごと》きものの霊波《れいは》に感合《かんごう》して、常規《じょうき》を逸《いっ》した精神状態となって収拾《しゅうしゅう》に困ることがあるのである。だから断食的修《だんじきてきしゅ》行《ぎょう》が精神統一的修行と一緒に行われる場合にはこの点について余程《よほど》注意しなければならないのである。

ともかく人間は前記の七つの世界を自分一個の中《うち》に包容《ほうよう》するものであるからその互《たがい》の要素がバランスを得なければならないのである。余《あま》りに霊的能力《れいてきのうりょく》ばかり発達して、肉体が貧弱《ひんじゃく》になったり、正常なる精神作用《せいしんさよう》が失われたりするようでは本当の完全なる人間と云《い》うことができないのである。吾々《われわれ》は強健《きょうけん》なる肉体の中《なか》に明快なる判断力を有する精神をそなえ、更《さら》に時に応じて霊的能力を発揮して、不測《ふそく》の災《わざわい》を未然《みぜん》に防ぎ或《あるい》はかすかなる神のみ声も、はっきりとそれを捉《とら》え得《う》るようにならなければならないのである。特に注意すべきは神人合一《しんじんごういつ》の境地《きょうち》と霊媒状態《れいばいじょうたい》との区別であって、精神力以上に霊的能力を得んとするところの初歩の人達は、何か霊感的なことが起ると有頂天《うちょうてん》になってしまい、それが直《ただ》ちに最高の神の降臨《こうりん》であるかの如《ごと》く、自《みずか》らも信じ他《た》を欺《あざむ》くようになって常識の世界から逸脱《いつだつ》してしまうことがあるものである。しかし最高の神は、決して霊媒《れいばい》の二重人格的状態《にじゅうじんかくてきじょうたい》に於《おい》ては、現れて来ないのである。自分の口を借りて何か他《ほか》の霊がものを云《い》うが如《ごと》き状態は必ずそのすべてが霊媒的状態であって、最高完全なる自己《じこ》神性《しんせい》の発現《はつげん》ではないのである。だからもし二重人格的《にじゅうじんかくてき》に自分の口を使って何かの霊が物語り始めるならば、それに対して充分なる常識的判断を加えなければならないのであって、常識にはずれた異様《いよう》のことをしゃべり出すならばそれは低級霊《ていきゅうれい》であると信じて適当の処置をしなければならないのである。

何故《なぜ》低級霊魂が人間に感合《かんごう》するような状態になるかと云《い》うと、本人の意志がそのようなことを希望しているからであるのである。「何か霊がかかってきて自分の口でしゃべってくれればいいがなあ」などと考えたり、「一つ霊媒にでもなって一旗《ひとはた》あげてみたいな」などと考えたり、ともかく霊的希望ではあるけれども、不純なる欲望がそれに伴っている時その欲望の波を感じて、それと同じような野心をもった低級霊が、波長《はちょう》の共鳴《きょうめい》によって憑依《ひょうい》して来るのである。だから霊的修行《れいてきしゅぎょう》をする時には、そのような不純な欲望を捨てなければならないのである。中には合掌《がっしょう》した手がブルブルふるえて来たりする事が何かよき現象《げんしょう》であるかの如《ごと》く考え、そのような現象を自《みずか》ら希望するような状態になっていると、それ相応《そうおう》な低級霊《ていきゅうれい》が感合《かんごう》して、そのような状態を実演して来るのである。もし合掌修行中《がっしょうしゅぎょうちゅう》にそのような現象《げんしょう》が起るならば、合掌をほどいて、目を開き、はっきりとした覚醒意識《かくせいいしき》に帰ることが必要である。

或《あ》る婦人は手のひら治療《ちりょう》の伝授《でんじゅ》をうける為《ため》の合掌修行を重ねている中《うち》に、非常に霊感《れいかん》的《てき》となり、病人に相対《あいたい》すれば、その病患部《びょうかんぶ》と同じ部分が病人同様に苦痛を感ずるようになって来たので、病気の霊的診察《れいてきしんさつ》には非常に便利にはなったけれども、病人に近寄れば先ず自分がその病人と同じ状態になって苦しまねばならないので非常に生活が不便《ふべん》になってきたのである。これは一種の霊媒的現象《れいばいてきげんしょう》であって、病人の病的波動《びょうてきはどう》を、自分自身の身体《からだ》をラジオ・セット的な媒体《ばいたい》として感ずるのである。その婦人が生長《せいちょう》の家《いえ》に来て、神想観《しんそうかん》（註・編著者が霊感によって得た観法の名称）の精神統一の修行を続けている中《うち》に、そういう病的な感受性《かんじゅせい》は自《おのず》から癒《いや》されてしまったのである。

大抵霊媒的修行《たいていれいばいてきしゅぎょう》に於《おい》ては、神想観と同じく合掌静坐的《がっしょうせいざてき》な修行をするのであるが、霊媒的修行に於《おい》ては、時としてそう云《い》う病的感受性《びょうてきかんじゅせい》の増加が起るのであるけれども、神想観に於《おい》ては、却《かえ》ってそれが是正《ぜせい》されるのは何故《なぜ》であろうか。それは霊媒的修行《れいばいてきしゅぎょう》に於《おい》ては、ともかく「霊感《れいかん》」と云《い》うものを得たいと云《い》う欲望の波を起して修行《しゅぎょう》するのであるから、その念が欲によって汚《けが》れているのである。総《すべ》て低級霊《ていきゅうれい》は欲念《よくねん》の世界のものであるから、欲念によって感合《かんごう》して来るのである。更《さら》に霊媒的修行《れいばいてきしゅぎょう》に於《おい》ては、霊の感合を心の目標として維持《いじ》しながら無念無想《むねんむそう》の状態になって、感合《かんごう》して来る霊の波長に対して選択能力《せんたくのうりょく》を放棄《ほうき》してしまうように練習するからである。

これに反して、神想観《しんそうかん》に於《おい》ては、霊に感合したいという欲望を起さないのである。又自分の身体《からだ》が霊によって支配されればいいなどとも考えないのである、何者にも支配されざる自主的神性《じしゅてきしんせい》が自分自身であると云《い》う念を、常に把握《はあく》して失わず、決して肉体を他《た》霊《れい》に解放してしまうと云《い》うような心持《こころもち》を起さないのである。自己自身が神の生命そのものであって、何ものにも他動的《たどうてき》に支配されることなく完全円満《かんぜんえんまん》に、無限の智慧《ちえ》、無限の愛、無限の生命、無限の供給《きょうきゅう》とを包有《ほうゆう》するところの主体であるという思念《しねん》を、強烈に、常にもちつづけるから、自己自身の内部にある完全なる神性《しんせい》が発現《はつげん》するのみであって、決して他《た》の霊に支配されると云《い》うような奴隷的状態《どれいてきじょうたい》がなくなるのである。同じく瞑目合掌静坐《めいもくがっしょうせいざ》の修行《しゅぎょう》であっても、霊媒《れいばい》になる修行と、神想観《しんそうかん》とはかくの如《ごと》く内容が相違《そうい》するのである。しかしながら神想観《しんそうかん》の精神統一をしている中《うち》に、霊媒状態《れいばいじょうたい》になったという人も往々《おうおう》にして少数はあるのである。何故《なぜ》かくの如《ごと》き現象《げんしょう》が起るのであるかと云《い》うことを検討してみると、その人の霊的感受性《れいてきかんじゅせい》が霊媒的に生れついていること、及び神想観中正式に「自分は完全な神性《しんせい》そのものであって既に無限の智慧《ちえ》、無限の愛、無限の生命を与えられているのである、だから何ものにも支配されることはないのである。」というような正式の思念《しねん》内容を何時《いつ》の間にか失ってしまい、「何か神様の姿が見えればいいが」とか「何か神様のみ声がきこえればいいが」などと考えて、他動的《たどうてき》な霊的《れいてき》波動《はどう》を感受《かんじゅ》したいとの欲望に身を捧《ささ》げて、自主的な心持《こころもち》を捨てて、無我夢中の心境になってしまうからであるのである。だからそれは神想観中に霊媒状態になってしまったと云《い》うよりは、神想観から脱線したために霊媒状態になってしまったと云《い》う方《ほう》が適当なのである。

ともかく、吾々《われわれ》は肉体的にも強健《きょうけん》でなければならないし、精神的にも健在でいなければならないのであって、それが霊媒的能力《れいばいてきのうりょく》と完全にバランスを得ている限りに於《お》いて、そして霊媒《れいばい》に憑《かか》る霊は最高神霊《さいこうしんれい》ではなく、或種《あるしゅ》の階級の霊にすぎないと云《い》うところの自《じ》己批判《こひはん》を失わないでいるならば、霊媒能力《れいばいのうりょく》も必ずしも自己及び社会に害毒を流すことはないのである。

しかし多くの場合に於《お》て、初歩の人に霊媒現象《れいばいげんしょう》がおこる場合には、自分の霊的能力《れいてきのうりょく》に有頂天《うちょうてん》になってしまい、肉体の強健《きょうけん》と、精神の常識的健在との間のバランスが失われてしまい、ただ霊能《れいのう》ばかりを追求するようになりがちであって、そこに危険が蔵《ぞう》されているのである。ともかく合掌静坐《がっしょうせいざ》するならば、正しく自己本具《じこほんぐ》の神性《しんせい》を強く念じていることが正しいのであって、その場合には如何《いか》なる低級霊《ていきゅうれい》も感合《かんごう》して来ないのである。だから二、三の人たちが神想観中《しんそうかんちゅう》に霊媒状態となったりしたからとて、決してそれを恐れるには及ばないのである。人は念じた通りのものになるのであって、外形は同じであっても念じ方が間違《まちが》っているために、霊媒状態になったりその後の精神錯乱状態《せいしんさくらんじょうたい》が継続したりするに過ぎないのである。

第四章　成功の秘訣《ひけつ》

もし吾々《われわれ》の周囲に面白《おもしろ》からぬ事が起って来たならば、吾々《われわれ》は此《こ》の世界を呪《のろ》うべきであろうか、或《あるい》はそれに関係する人々を憎むべきであろうか。或《あるい》は自分の不幸な環境《かんきょう》を嘆くべきであろうか。吾々《われわれ》が呪い、かこち（註・ぐちをこぼす）、嘆くとも何らその不幸な状態を改善することは出来ないのであります。

かくのごとき時に、吾々《われわれ》が速《すみや》かに為《な》さねばならないことは唯一《ただひと》つあるのであります。病み傷ついた肉体は、不幸なる呪《のろ》わしき状態は、皆《みな》あやまれる心の影なのであります。まずその誤れる心を正しき方《ほう》に振り向けることが、その肉体の状態を、或《ある》いは面白からぬ境遇《きょうぐう》を変化せしめるために必要なる唯一《ゆいいつ》のことなのであります。他《た》に頼っても何もならない。自分自身の肉体の状態、及び環境は皆《みな》自分自身の心の影なのであるから、自分自身以外にそれを変化せしめ得《う》る力はないのであります。

此《こ》の世界の何ものも、自分自身以外に、自分を傷つけ得《う》るものはないことを知らねばならないのであります。自分自身の悲観的《ひかんてき》なものの考え方や、外界《がいかい》に対する行動のとり方で自分の肉体に悪い反応を起したのが病気であり、環境に悪い反応を起したのが不幸とか逆境《ぎゃっきょう》であります。

今日《きょう》今すぐに吾々《われわれ》は自分自身の想念《そうねん》を変化しようと決意しようではありませんか、事物の光明面《こうみょうめん》のみを見ようではありませんか、此《こ》の日は神の造り給《たま》うた日であります。悪い日は神様がおこしらえにならないのでありますから、今日《きょう》はあらゆる日の中《うち》で一番よい日である。こう思って吾々《われわれ》は喜んでこの日を迎えて立ち上《あが》ろうではありませんか。神がこの世界を造ったものであり、神が吾々《われわれ》の造り主であり、神が吾々《われわれ》を守っているのであるから総《すべ》ての力は吾々《われわれ》に与えられているのであると今この瞬間それを信じようではありませんか。

如何《いか》なる逆境《ぎゃっきょう》が自分の前に現れて来ようとも、黒雲《こくうん》が空低くたれて自分の前途を蔽《おお》うとも、吾々《われわれ》はそんな現象《げんしょう》にとらわれてはならないのであります。

「自分は神の子である。天に於《お》いても、地に於《お》いても、すべての力は与えられているのである。神は吾《わ》れを祝福し給《たま》うのである。必要に応じて無限の力が、無限の智慧《ちえ》が湧《わ》き出て来るのである。恐れることはないのである。自分は神に祝福されているのである。自分は神の無限の力をもっているのである。自分は今その力をもっているのである。」かく吾々《われわれ》は心の中《うち》で叫ぼうではありませんか。

受難礼讃《じゅなんらいさん》に陥《おちい》ること勿《なか》れ。不幸が人生に必要だと思うな。神は不幸を造らないのである。人間を麦にたとえて、麦には麦ふみと云《い》って、芽が出たところを踏んでくれるので根が強くなり、多くの実《み》を結ぶのであると同じように苦難《くなん》が必要であると云《い》う人があるが、そう云《い》う言葉に迷ってはならないのである。困難《こんなん》に会って、吾々《われわれ》の力は増大することは事実である。しかし困難は苦難ではないのである。困難は抵抗である。空気の抵抗があって飛行機は上昇する。しかし飛行機は決して空気の上に翔《か》け上《あが》ることが苦難ではないのである。それは快楽であり爽快《そうかい》である、困難があり抵抗があるので、快楽が増大し爽快さが高まるのである。しかし抵抗を抵抗とせず、摩擦《まさつ》を摩擦とせず、なめらかに飛翔《ひしょう》する事が飛行機操縦《そうじゅう》の秘法《ひほう》である。その如《ごと》く吾々《われわれ》も抵抗を抵抗とせず、困難を困難とせず、摩擦を摩擦とせず、スムーズに人生を行進して行く人々こそほんとうの賢者《けんじゃ》であるとみるのであり、それが即ち、天地一切に和解《わかい》する道であり、決して受《じゅ》難礼讃《なんらいさん》ではないのであります。

物事を受難《じゅなん》と考え、困難《こんなん》と考える時、その受難は一層増し、苦難《くなん》は一層増加するのであります。馬を恐れるものが馬に乗れば、馬にはね飛ばされるのであります。馬に恐れないで馬と和解《わかい》するものは馬を操縦《そうじゅう》することが出来るのであります。吾々《われわれ》の運命は馬の如《ごと》きものであります。抵抗《ていこう》も摩擦《まさつ》も、同じ程度のものでありながら、自分が和解するか恐れるか、苦難とみとめるか、乗馬を楽しいと認めるかによって、その運命の馬の動き方が変って来るのであります。

吾々《われわれ》は、運命の馬に乗るところの騎手《きしゅ》であります。如何《いか》にこの運命を走らせるかと云《い》う事は自分自身の掌中《しょうちゅう》にあります。自分の心中《しんちゅう》にあるのであります。馬は右に手綱《たづな》をとれば右に進み、左に手綱をとれば左に進む。宿命《しゅくめい》と云《い》って馬が勝手に動いて行くのではないのであります。吾々《われわれ》は運命の主人公であり、騎手であります。運命は騎手の命ずるところへ何処《どこ》へでも突進して行くのであります。まず勇敢《ゆうかん》に自分自身の操縦し得《う》る力を信じなければ運命の馬は自由自在《じゆうじざい》にはならないのであります。自分自身を信ずるものには神の力がのりうつるのであります。自分の神を思えば、ほんとの神の子らしく無限の力が湧《わ》いて来るのであります。新しき夢を描け。大《おお》いなる夢を描け。その夢のところへ運命の馬は全力を出して疾走《しっそう》して行くのであります。

吾々《われわれ》は失敗しても、失敗に定着してまいってはならないのであります。馬から落ちたならば、その落ちた地面にいつまでもくらいついていてはならないのと同じであります。落ちたらすぐに馬にとび乗れ、やがて運命の馬を、自由に操縦《そうじゅう》する力を獲得《かくとく》するでありましょう。一度に成功しなくても、度《たび》かさねて行く中《うち》にそれは必ず成功するのである。失敗は成功のもとと云《い》う諺《ことわざ》があるが、それは少し変えなければならない。失敗と見えていてもなお一歩前進していると云《い》うことである。

たとえば片栗粉《かたくりこ》に湯をそそぎ、最初は中々《なかなか》透明にならないのである。しかしその湯の一滴一滴《いってきいってき》は失敗の如《ごと》く見えるけれども、実は成功の一滴一滴なのである。その一滴一滴が蓄積《ちくせき》されて、最後の瞬間に片栗粉の全量がことごとく透明になるときが来るのでありま す。

あなたの運命は、あなたのものであり、私の運命は、私のものである、とりかえる事が出来ないのである。それをとりかえるのは自分自身の心の力のみである。まず心の中《なか》に宿っている小さなる侏儒《こびと》を捨てよ、心の中《うち》に偉大なる想念《そうねん》を描け、類《るい》は類《るい》を呼ぶのである。小さなるものは粉砕《ふんさい》するであろう。偉大なるものは益々《ますます》偉大となるであろう。自分の運命が今まで小さかったのは、自分の想念が今まで小さかったのであると知らなければならない。吾々《われわれ》が生《い》くるは吾《わ》が力ならずと知らなければならない。無限の生命の大《だい》潮流《ちょうりゅう》の中に今吾々《われわれ》は接触《せっしょく》しているのである。雑念《ざつねん》をまじえるな。恐怖《きょうふ》をまじえるな。ただ自分の中《うち》に神の力を信ぜよ。吾《わ》が業《わざ》は吾《わ》がなすに非《あら》ずである。その信念がすべての絶縁体《ぜつえんたい》を拭《ぬぐ》い去って大生命の電流と吾々《われわれ》を直結するのだ。

暗い所に光を見るものは賢者《けんじゃ》である。運命の砕《くだ》けるところに新しき運命を見出すものは智者《ちしゃ》なのである。うちくだかれても、打《う》ち摧《くだ》かれても立ち上《あが》るものは勇者《ゆうしゃ》である。どんなにつらい状態が諸君の前に現れ来《こ》ようとも、諸君は決してつぶやいてはならないのである。暗黒の中《うち》に光明《こうみょう》を見出し、暗黒の中《うち》にもレーダーによって敵の陣営をはっきり見ることの出来るものは、敵を倒すことが出来るのである。

つぶやくこと、いらいらすること、あせること、心配すること、かなしむこと、不平を言うこと、呪《のろ》うこと、これらは悉《ことごと》く困難《こんなん》を増大するものである。暗い暗いと言っていては光は出て来ないのである。よろこんでいれば、どんな重荷《おもに》も軽いのである。つねに成功する人は、摩擦《まさつ》を滑《なめ》らかに受ける人であり、暗黒に光明《こうみょう》を見出す人であり重荷を軽く受ける人であります。

第五章　生活における幸福感

戦争中に吾々《われわれ》は国難《こくなん》の来《き》たるというので愉快《ゆかい》な笑いを発したり明るい歌を歌ったりするのが非国民《ひこくみん》であると思われたものである。神経質《しんけいしつ》な顔をし、心配そうに眉《まゆ》をひそめ、ともかく国家のことに憂鬱《ゆううつ》に渋面《じゅうめん》を作っているものが美徳《びとく》であると考えられたものである。吾々《われわれ》は憤《いきどお》りを発しなければならないし、憤激《ふんげき》を新たにしなければならなかったし、愉快でいるということは国家を毒する罪悪《ざいあく》であるというように教えられたものであった。けれども現代医学のオーソリティーは口を揃《そろ》えて愉快なる心は血管を軟《やわらか》くし、心臓を丈夫《じょうぶ》にし、血液の循環《じゅんかん》をよくして自然療能《しぜんりょうのう》の力をも増進《ぞうしん》すると同時に頭脳の働きをも明瞭《めいりょう》にするということをとなえているのである。あらゆる人に対し、物に対し、事《こと》に対して愉快な気持でいる時には、その人は幸福であるし、よき考えが浮んで来るし、病気であっても治る力が強いのである。

厭世的《えんせいてき》な考え、不愉快《ふゆかい》な心、心配、取越苦労《とりこしくろう》、怒り、悲しみ、憂鬱《ゆううつ》などはその人の活力《かつりょく》を低下せしめ、肉体間の色々の腺《せん》からは毒素を分泌《ぶんぴつ》して、血液は毒素を循環《じゅんかん》せしめるのである。そのために細胞《さいほう》の活力は弱り、人間は早く老衰《ろうすい》する。そして頭脳が疲労するために、よい考えは浮《うか》ばず、結局失敗してしまうことになるのである。健康な人は結局明るい人であり、常に成功する人は結局愉《ゆ》快《かい》な人である。愉快な笑いや明るい歌はすべての憂鬱《ゆううつ》を吹きとばしてしまい、血液の中に強壮剤《きょうそうざい》を造り、肉体を健康ならしめ、頭を明快にし、よき考えを思い浮ばしめ、どんな人生の行路《こうろ》をも平坦《へいたん》ならしめて、人生の勝者とならしめるのである。これに反して失望、落胆《らくたん》、恐怖等《きょうふとう》の暗い心は吾々《われわれ》の体を萎縮《いしゅく》せしめ、筋肉をかたくし、血管を狭窄《きょうさく》し、血圧を昂《たか》め、皮膚《ひふ》を収縮《しゅうしゅく》せしめて甚《はなは》だしい場合には目にみえるほどに戦慄《せんりつ》せしめることがあるのである。愉快な心、幸福な感情はその反対に血管拡張《けっかんかくちょう》を来たし、筋肉をゆったりならしめ、血圧を低下し、内臓の活動を活発ならしめるのである。従って愉快な心は如何《いか》なる名医よりも尚《なお》立派な医者であるということができるのである。自分の中《うち》にこの立派な医者がいるのに、渋面《じゅうめん》を作ってその医者を働くことができないように押しこめているのが暗黒な感情である。幸福になり、健康になり、よき計画を発案しようと思う者は、かかる暗黒の感情を追放して明るき幸福感とおきかえなければならないのである。幸福な感情は自分を健康にするばかりでなく周囲の人を光明化《こうみょうか》し人々に光明を与え、人々の憂鬱《ゆううつ》をふきとばし、色々の点に於《お》いて人々に幸福を恵んでいることになるのである。

吾々《われわれ》は何ものをも人に与えることができないからとて幸福な表情位《くらい》は与えることができるのである。どんなに自分の過去が、そして今の現象《げんしょう》が暗黒であろうとも、今この瞬間「観《かん》を転回《てんかい》し」て実相《じっそう》をみるときには、今此処《ここ》直《ただ》ちに新たなる天地である。神の祝福を以《もっ》てみたされている今、此処《ここ》をみよ、光をみよ、調和をみよ、豊かさをみよ。黙示録《もくしろく》第二十一章『吾《われ》新しき天と新しき地とをみたり。古き天と地とはすぎされり。海も亦《また》なきなり。新しき神の都が花婿《はなむこ》のために装《よそお》いしたる花嫁《はなよめ》の如《ごと》く美しき姿にて天より下《くだ》れるをみたり』と書かれているのはそれである。吾々《われわれ》は新天新地《しんてんしんち》を見なければならないのである。喜びを見よ、歓喜《かんき》をみよ。調和をみよ。あらゆる所に目を開いてみれば、幸福が充満しているのである。

神は吾《われ》らの魂の奥底に豊かなる「喜び」の宝石を置いたのである。それを喜び享《う》けて楽しむものにはますます喜びの宝石が集って来るのである。今すぐ汝《なんじ》の魂の中《うち》にある喜びの宝石を見出せ。そしてそれを手にとれ。しかして喜びの舞踊《ぶよう》を行く。常に堅苦《かたぐる》しく窮屈《きゅうくつ》にかまえることなかれ。ユーモアを解《かい》することが必要である。笑うこと、明るく歌うこと、それは幸福の源泉《げんせん》であるのである。真の幸福は自己の魂の中《うち》を如何《いか》に幸福の宝石をもって装飾《そうしょく》するかということにかかってあるのである。愉快《ゆかい》なる所によきものが集って来るのは、春になれば花が咲き、鳥がさえずるのと同じことである。

人間が不幸になる原因は、好き嫌《きら》いの心から来るのである。ある人を嫌い、ある物を嫌うのである。嫌うから愉快になれないのである。どんな人の中《うち》にもよきものがあることを発見して喜び、どんなできごとの中《うち》にもそこによき意味がある事を省《かえり》みて喜ぶものは、如何《いか》なる人に接しても、如何《いか》なる事件に際会《さいかい》しても、明るい楽しい心をもちつづけることができるのである。黒住教祖《くろずみきょうそ》(註・黒住宗忠《むねただ》。江戸時代末期に開かれた教派神道で、神道十三派の一つに数えられている)が「難有《なんあ》り、ありがたし」といわれたのも、「難儀《なんぎ》が来るほどありがたい」と教えられたのではないのである。難儀が出現して来たのは過去の「感謝《かんしゃ》のたらぬ心」の反映《はんえい》であるから難儀が出現したその瞬間《しゅんかん》を契機《けいき》として「ありがたい」という感謝《かんしゃ》の心の方《ほう》へ転向せよと教えられたのである。今「感謝」の明るい心をもっておればそれが未来に投影《とうえい》して、やがて未来に幸福な世界が具体的にも実現するのである。

神は人間を幸福にするように造り給《たま》うたのであるから、人間の正常なる状態に於《お》いては幸福感にみたされているのが本当なのである。不幸の感にみたされているのは実相《じっそう》がくらまされ、人間の本性《ほんせい》が病的にゆがめられているにすぎない。不幸が出て来た時にユーモアをとばして不幸を撃退《げきたい》してしまうのもいい方法である。それは、風邪《かぜ》をひいたと思う時に、「こん畜生《ちくしょう》」とどなることによって風邪《かぜ》ひきを撃退してしまうと同じ方法であるのである。あなたの心の中《うち》を常に検査して憂鬱《ゆううつ》な第五列《だいごれつ》(註・味方のふりをして、敵に内通している者)がやって来て反乱をおこさないように警戒《けいかい》しなければならないのである。人間は外からやって来る物質的《ぶっしつてき》な汚《けが》れには非常に鋭敏《えいびん》であってそれを切実に浄《きよ》めたいと思うものであるが、心の中《なか》が憂鬱の暗い影によって汚されるということを警戒しないならば、軽重本末《けいちょうほんまつ》を顚倒《てんどう》したものとなるのである。

愛の心はすべての体内の生理作用《せいりさよう》を刺戟《しげき》して人間を健康ならしめる力があるのであるが、憎《にく》む心はその反対であるのである。愛は人間を若返《わかがえ》らしめ、憎《にく》みは人間を老衰《ろうすい》せしめるのである。喜びの心は血液の循環《じゅんかん》をよくし、自信力を強め、進取《しんしゅ》の気性《きしょう》を増大せしめ、人間を勇敢《ゆうかん》にしてあらゆる仕事に成功せしめる基礎を作るのである。

喜びの心は、憂鬱《ゆううつ》な心が全身にひきおこしていた窮屈《きゅうくつ》な緊張《きんちょう》や、硬直《こうちょく》を溶《と》かしてしまい、やわらかなそのままの完全な生理状態にひきもどすのである。もっともよくきく精神的薬剤《せいしんてきやくざい》は愉快《ゆかい》に大きく笑うことである。あらゆる強壮剤《きょうそうざい》よりも愉快なる精神と、愉快なる笑いとは人間を健康にするのである。吾々《われわれ》の心は常に肉体と現象界《げんしょうかい》とに反映して自分の運命をつくりつつあるのであるから、吾々《われわれ》の心が愉快になることは、それが健康の第一歩であり、成功の第一条件であるのである。吾々《われわれ》は現在の状態が如何《いか》にあろうとも瞑目《めいもく》し、神の造り給《たま》いし実相《じっそう》の世界の光明《こうみょう》輝く燦然《さんぜん》たる喜びの世界を讃美《さんび》し、そこによろこびにみち満たされている自分自身をみなければならないのである。

まず手近のものから感謝《かんしゃ》して行くことである。日光、よき空気、豊かに与えられている水、雲の美しさ、花の美しさ、一片《ひときれ》のパン、一ぱいの茶、深切《しんせつ》な隣人《りんじん》、夫又は妻、愉《ゆ》快《かい》な子供、失業者が多い中にとにかくも与えられている仕事……数えあげれば無数に感《かん》謝《しゃ》すべきものが充満しているのであって、本当に感謝するとき、そこから本当に幸福感が生れて来るのである。

真に明るい幸福感は感謝からのみ生れて来るのである。たんなる笑いは憂鬱《ゆううつ》をふきとばす暴風《ぼうふう》にはなるにしても深き心の底から湧《わ》き出て来る幸福感とはならないのである。たんに滑稽《こっけい》なことをしてみたりおどけてみたりするのが幸福感ではないのである。幸福感は感謝から生ずる。真の感謝は神の与え給《たま》うた実相《じっそう》をみることから生ずるのである。神の造り給《たま》うた実相の世界には悪いものはないのである。神の造り給《たま》うた実相の人間には悪《あ》しき人はないのである。吾々《われわれ》は存在《そんざい》の実相《じっそう》に貫《つらぬ》きいる時、そこには光明《こうみょう》ある世界がみられ、幸福感のみを味《あじわ》うことができるのである。神の恵みを本当に見失いさえしなければ、人間は常に幸福であり得《う》るのである。

第六章　幸福を得《う》る道

古い西洋のお伽噺《とぎばなし》にこういう話があります。昔々ある国に王様がありまして、その王様は「幸福」というものを得《う》るためにはどうしたらいいかと色々研究した挙句《あげく》、ある古い書物を読んでいると、国中《くにじゅう》で最も幸福な人を探《さが》し出してその人のシャツを貰《もら》って着るならば、たちまち自分も幸福になれるということが書いてありました。

そこで王様は身をやつして普通の百姓《ひゃくしょう》の着物を着、王宮を出て自分の国の町々《まちまち》、村々、津々浦々《つつうらうら》までも探《さが》し廻《まわ》りましてどこかに最も幸福な人がいないかと求めました。ところがとうとうその最も幸福な人がみつかったのです。ところがあいにくその幸福な人はシャツを着ていないで裸《はだか》で仕事をしていましたのでシャツを貰《もら》って着ようにも、着るわけに行かないのでした。

これは大変面白《おもしろ》い話だと思います。裸は誰《たれ》でももっているのですが、その裸になれたら幸福になれるのです。エデンの楽園に人間が幸福に暮《くら》していた時にも人間は裸だったということがかかれているのであります。

裸とはそのままの姿という事であります。実相《じっそう》であります。幸福は他《た》に求めても得られないのでありまして、自分自身の中にあるのであります。チルチル、ミチルは幸福の「青い鳥」を探《さが》して長い旅を続けましたが、到頭《とうとう》どこにもそれを見出すことができないで、自分の家へ帰って来ると、自分の家に、「青い鳥」がすでにいたということを発見したのであります。幸福はそれをとらえようとして追求すれば、ヒラリと身をひるがえして逃げ去ってしまうこと蝶《ちょう》の如《ごと》きものであります。追わずに静かにそこに坐《すわ》っておれば、自分のお庭に来てとまるのであります。

幸福を求めるには、飢《う》え渇《かわ》く如《ごと》き思いで、右往左往《うおうさおう》、奔走東西馳駆南北《ほんそうとうざいちくなんぼく》してみたところが得られるものではないのであります。そんな事をすれば却《かえ》って飢《う》えと渇《かわ》きとはまして来て、幸福どころか苦しみのみが増加するのであります。

快楽を幸福だと思って追求したら、却《かえ》ってそれは苦しみの種《たね》になるのであります。物そのものは「心の現《あらわ》れ」にすぎないのでありますから、物その物を追求する時は影を追求するようなものであって、それをつかめば消えてしまうのであります。幸福というものは、ある物質《ぶっしつ》に、ある物体《ぶったい》に、ある場所に、ある家に、ある国にあるようなものではないのであります。幸福を或《あ》る「形あるもの」だと思って追い求めていましたら、遂《つい》にそれは消えてしまうのであります。「物質《ぶっしつ》に神の国を追い求むるものは夢を追いて走るものにして永遠に神の国を得《う》ること能《あた》わず」と『甘露《かんろ》の法雨《ほうう》』に示されている通りであります。幸福は物質の多寡《たか》によってきまるものではなく、富める人も貧しき人も心に従って幸福にもなり不幸にもなるのであります。もっとも心に従って富むこともできますが、それは別問題であります。

不幸というのは一種の心の病気であります。笑いのみちみちている喜劇の舞台をみながらでも不幸な人は悲しいのです。どんなに目を喜ばし感覚を楽しませる存在《そんざい》も、不幸な人には幸福感を与えることはできないのです。幸福はその人自身にあるのです。幸福《こうふく》者《しゃ》はどこに置かれても幸福であり、不幸な人はどこに置かれても不幸なのであります。不幸な人は外に自分の幸福を探《さが》して歩いた王様と同じことで、それは自分の内にある「幸福の源泉《げんせん》」から汲《く》まないから幸福になれないのです。幸福は外に探《さが》し廻《まわ》って得られるものではないのであって、自分の内なる「幸福の源泉」から汲まなければならないのです。人間が幸福になれるのは、自分の内に「幸福の源泉《げんせん》」があるという真理によるのでありまして、この真理を忘れてしまったなら、いくら外に幸福を探《さが》し廻《まわ》っても得られるものではないのであります。次に幸福になる方法を気がついたままに述べることに致しましょう。

一、自分の周囲の人々と、そして自分の周囲の事物《じぶつ》とに対して完全に和解《わかい》することであります。和解するというのは自分の心の態度をそれらに対して調和ある関係に置くことなのであります。完全なる心の調和はそれらに対して、感謝《かんしゃ》する気持になった時に得られるのであります。

二、自分の周囲の人々及び環境《かんきょう》の善《よ》き所を探《さが》してそれをしみじみ味わうようにすることです。どんな狭い庭の一本の草の葉にも、吾々《われわれ》がその美しさを見出そうとしてしみじみ味《あじわ》うならば、きっと美しさが発見されるのです。雑草でさえもその通りでありますから、人間に全然美点が認められないなどというものはあり得ないのであります。どんな人にもきっと美点を探《さが》せば善《よ》い所があります。その善い所を探してありがたく思うようにし、それに感謝《かんしゃ》するようにすれば結局自分が幸福になれるのであります。幸福とは自分がどこに注目するかという「自分自身の心の態度」にあるのであって、特殊の人間又は特殊の場所にあるのではないのであります。

三、自分が幸福になるためには、自分自身独創的《どくそうてき》な生活を生きなければならないのです。人の模倣《もほう》や受け売りの生活や人から強制的《きょうせいてき》にさせられている仕事をしているのでは、自分の生命が喜ばないから本当の幸福感は得られないのであります。人間は一人一人別々の使命があるのでありますから、その使命を完全に遂行《すいこう》した時に人間は生き甲斐《がい》を感じて幸福になれるのです。自分自身独特の生きる道を、そして自分自身でなければならない職業を発見せよ。それが幸福になる道であります。

四、自我《じが》に執着《しゅうじゃく》している限りは人間は、小さい殻《から》の中に縮《ちぢ》かまっていて幸福になるものではありません。神経衰弱《しんけいすいじゃく》や色々の憂鬱症《ゆううつしょう》は利己主義から来るといわれております。自分を忘れてしまって人のために一所懸命尽《いっしょけんめいつく》す時に幸福感が得られるのであります。人と自分とは本来一体でありますから、人のためにつくすことに熱心になっていると、自己拡大《じこかくだい》の感じが起って幸福感が湧《わ》いて来るのであります。

五、創造的な仕事をなせ。人間の生命は、創造者の生命が宿っているのでありますから、仕事によって、その創造本能《そうぞうほんのう》を満足せしめる時に本当に幸福感が得られて来るのであります。不幸な人もその不幸を忘れる程《ほど》忙しく仕事をすれば幸福になれるのであります。仕事のために頭脳を使い手足を使い創造本能を満足させるがよいのです。腹の立っている時、畑へ出て一所懸命鍬《いっしょけんめいくわ》をとれば不快感《ふかいかん》を忘れて幸福になることができます。絵を描《か》くこと、編物《あみもの》をすること、土を耕《たがや》すこと、その他《た》何でも力一杯することは、人間の幸福感をますものであります。友達があったら相撲《すもう》をとるのも気分転換によろしいでしょう。

六、仕事のない人々は何か職業を得《う》ることが必要です。職業が自分にとって幸福でないのは、賃金《ちんぎん》で自分の生命を身体《からだ》を切り売りしていると思うからです。働く分量と、貰《もら》う賃金とを比較している限りに於《お》いては、幸福になれるものではありません。賃金のことを思わず自分の創造本能を満足せしめるために働かせて頂くのがありがたいと思って感謝《かんしゃ》の気持で一所懸命《いっしょけんめい》になる時幸福感が湧《わ》いて来るのです。

七、一定の職業の外《ほか》に何か趣味《しゅみ》をもつことが必要です。仕事の余暇《よか》に、別に何か興味《きょうみ》のある、余技《よぎ》をもっている時にはそれをやることによって、仕事からの疲労を回復し気分を転換して、再び溌剌《はつらつ》たる気持で仕事ができるようになるものです。「仕事の虫」になってしまってはなりません。あらゆる問題に興味をもつことによって、他《た》の人のあらゆる仕事にも同情が湧いて来るようになるのであります。

八、新しき知己《ちき》をつくること。新しい人は吾々《われわれ》に新しい何ものかを与えてくれ、新しき雰囲気《ふんいき》を投げかけて、何か床《とこ》の間《ま》に新しい花を生けたと同じような感じを吾々《われわれ》の生活に吹きこんでくれるものなのです。人々のいうことを熱心にきいてやればそれだけその人の体験が我がものとなり自分が豊富になると共にその人をも助けてあげることができるのです。「今日《きょう》は誰《たれ》かに深切《しんせつ》をした」と感じられる時吾々《われわれ》は幸福感を味わうことができるのです。

九、自分自身が何だか倦《ものう》くなり、自分の周囲が何となしに退屈《たいくつ》になった時には、その時の仕事を止《や》めるか、じっとしていることを止《や》めて誰《たれ》かの手助けになることに出掛けて行ってすればいいのです。数分間の中《うち》に幸福な感じが湧《わ》いて来《き》、明るい太陽のような光が自分の心の中《なか》にさしこんでくるものです。人のために深切《しんせつ》をせよ。これは先にいったことの繰り返しでありますけれど、人生に倦怠《けんたい》して来るのは自分の興味《きょうみ》が自分自身のみに集中していて、人のために尽してやらないからなのです。人のために尽してあげることによって、それを受けた相手の喜びの感情が自分に反射して来た時には、誰《たれ》でも本当に幸福になれるものなのであります。

十、敵をもたないこと。寧《むし》ろ敵の為《ため》になることをしてやるのです。この時に本当の魂の喜びが湧いてき幸福感がしみじみと味《あじわ》えるようになるものです。普通の人は人間の競争者を嫉妬《しっと》してそれを打倒しようと思うものでありますが、それでは自分の感情が苦しくなるばかりなのです。競争者を敵と認めて打倒しようとしている限り人間は決して幸福にはなれないのです。同じ種類の商売人が軒並《のきな》みにできると自分の店がふるわなくなると思って他《た》の店のものを憎むようになりがちでありますが、同じ種類の店が並べば並ぶ程《ほど》自分の店も繁昌《はんじょう》してくるのであります。神田の古本屋をみても明らかです。神田へ行けばどんな本でもあるということになると、どの学生もどの学生も皆《みな》神田へ集って来る。そして自分の店も繁昌することになるのであります。或《あ》るアメリカの有名な、もっとも立派な玉蜀黍《とうもろこし》を産出する農場主《のうじょうしゅ》は、自分の畑で生産したもっともよい玉蜀黍《とうもろこし》の種子《たね》を近隣の畑の持主《もちぬし》にわざわざもって行って、その良品種《りょうひんしゅ》を植えるように与えたということであります。ある人が「そんなことしないで、もっとも良い品種の種子《たね》を自分の畑のみに植えることにしたら、自分の畑の玉蜀黍《とうもろこし》ばかりがすばらしく良品種で市場《いちば》へ出ても高価《こうか》で売れて儲《もう》かるではないか」といいますと、その畑の主人公は「玉蜀黍《とうもろこし》というものは風媒花《ふうばいか》の植物であって近隣《きんりん》の畑の花粉《かふん》がとんで来てみのるのですから、近隣の畑の玉蜀黍《とうもろこし》が、皆立派にならなければ、家の畑の玉蜀黍《とうもろこし》も立派にはなれないのです。他《た》が栄えることによってのみ、こちらも栄えるのです。」と答えたということでありま す。人間と人間との関係は玉蜀黍《とうもろこし》と玉蜀黍《とうもろこし》との関係よりも尚密《なおみつ》に関係しているのでありますから、競争者を不幸にして置いて自分だけが幸福になるなどということは絶対できないことなのです。自分が幸福になろうと思えば、先ず他の人を幸福にせよというのが幸福の秘訣《ひけつ》であります。

十一、他《た》をあてにせず自分自身で立て。先ず自分自身が幸福にならなければ、自分が幸福になれるものではないのであります。これは渝《かわ》ることなき真理であります。人が何かを与えてくれる事を期待していたのでは当《あて》がはずれたときに不幸の感じを味《あじわ》わなければなりません。まず自分自身の生命が神の子であるという事を知ることの幸福感から出発せねばなりません。人間の本質は「神の子」でありますから、誰《たれ》にどうせられないでもそれ自身あり余《あま》る幸福感をもっているのだということを自覚することが幸福の秘訣《へけつ》です。誰でも、心の眼をひらけば人間は神の子として無限の幸福を自分の内に見出すことができるのです。「私は神の子、嬉《うれ》しい嬉しい、好《よ》いことのみでて来る」と毎朝二十遍《ぺん》ずつ唱《とな》えてから起きることに致しましょう。

十二、不幸とか病気とかいうものを、何かの弁解《べんかい》をするための口実《こうじつ》に使ってはなりません。人間がそのような口実を求めるようになりますと、その人にとってはそういう口《こう》実《じつ》が必要ですから自然に不幸や病気をよびよせることになるのであります。

十三、自分の不幸をつぶやいてはなりません。不幸を口ぐせにしていると、言葉の力で益々《ますます》その人の周囲に不幸が現れて来るものなのです。不幸を武器として人から同情を求めようと思ってはなりません。同情を求める心は、同情せられる為《ため》には先ず不幸になることが必要でありますから、不幸を造りだすことになるのであります。不幸の中にいても、「私は幸福だ、幸福だ」とよび続けているようにすれば言葉の力によって遂《つい》に幸福になれるのであります。

十四、生活の単調《たんちょう》を打ち破るために特に自分の好《この》まない仕事を時に一所懸命《いっしょけんめい》にやってみる時、生活の倦怠《けんたい》が打ちやぶられ幸福感が湧《わ》いて来ることがあります。肥汲《こえく》みが嫌《きら》いならば特に努《つと》めて自発的に肥汲《こえく》みをしてみることです。外出が嫌いならば特に外出してみる、山登りが嫌いならば特に山に登ってみる。嫌いなことを懸命《けんめい》に自発的《じはつてき》に努力する時、「ニセモノの自分」が破壊され、本物の自分が現れて幸福感が湧いて来るのであります。人間最大の幸福感は「自己」を克服《こくふく》したときに得られるのであります。生長《せいちょう》の家《いえ》の飛田《とびた》給《きゅう》本部の練成道場《れんせいどうじょう》で生き甲斐《がい》を感じ、親孝行の心境《しんきょう》を得て帰る青年の多いのも、教えの真理の偉大さは無論《むろん》ですが、自発的《じはってき》に平常自分がしなかった勤労《きんろう》をする処《ところ》にも原因するのであります。

十五、常に明るき心境と希望を以《もっ》て事物に相対《あいたい》せよ。前途《ぜんと》に如何《いか》なる困難《こんなん》と見えるものが横たわっていようともそれを困難と思ってはならないのであります。失敗や躓《つまず》きを心に描いてはなりません。不可能の事は断じてないと信じて、それをハイキングや、スキーの如《ごと》き楽しさ（冒険《ぼうけん》）であると思って、勇敢《ゆうかん》に進む時には、困難が多ければ多い程《ほど》それを克服《こくふく》する幸福感が湧《わ》いて来るのであります。

以上によって大体《だいたい》人間が幸福になる方法を説いたのでありますが、結局は幸福は心の中《うち》にあるのでありまして、物そのもの、環境《かんきょう》そのものにあるのではないのであります。幸福は自分の内にあるところの「幸福の源泉《げんせん》」から汲《く》みだして来るべきものであって、外から獲得《かくとく》するものではないことは永遠の真理であります。幸福は自己創造のものであり、自分が造るべきものであって他《ほか》から与えられるものではないのであります。

第七章　日常生活に於《お》ける美

美というものは神の生命の現《あらわ》れであって、この世の中の最も尊きものの一つである。もし人間が美というものを失ったならば神から与えられたもっとも尊きものを失うということになるのである。美しく生きよということが神の人間に対する要請《ようせい》であるのである。美は力である。美しきものの前には如何《いか》なる力も跪《ひざまず》くのである。古代ギリシャの美術の国に、まだ野蛮未開《やばんみかい》の民族であった慓悍《ひょうかん》なローマ人が侵入してその寺院を破壊し、いろいろの美術製作品を略奪《りゃくだつ》して帰ったことが歴史に記述されている。けれどもその略奪されたところの美術の力は結局却《かえ》ってローマ人を征服《せいふく》したのは皮肉《ひにく》なことであるが真実であった。成程《なるほど》ローマ人はギリシャの無数の美術品を破壊したのであったが美の精神を破壊することはできなかったのである。それは却《かえ》って侵略者であるローマ人の心を柔《やわ》らげ、その蛮的精神《ばんてきせいしん》を変形して「美」の精神を吹きこんだのであった。かくてギリシャの美術は外見上《がいけんじょう》蹂躙《じゅうりん》されたようには見えたが、それはローマの美術となって復活しやがてイタリーの文芸復興期《ぶんげいふっこうき》の偉大なる芸術となって燃え出たのである。ローマ人がギリシャを征服するまではイタリーには美術はなかったのである。かくてギリシャの美術は実際ローマを征服したのであった。かくの如《ごと》く「美」は如何《いか》なる武力よりも強大なるところの感化力《かんかりょく》を有《ゆう》するのである。

吾々《われわれ》人間は神の子であるから、神のもちたまえる美をその精神に、魂に、そして肉体に実現しなければならないのである。肉体美《にくたいび》を実現するには、それを実現するための素材であるところの栄養をおろそかにしてはならないのである。それと同時にその栄養を如何《いか》なる部分に分配《ぶんぱい》するかは、それは必要な部分に一そう多く分配されるが故《ゆえ》に、一ばんよく働く部分にその栄養は分配され、その部分の美しさは加わるのである。従って栄養と同時に均斉《きんせい》なる肉体の運動が必要なのである。すべて美というものは均斉から生ずるのである。均斉とは釣《つ》り合《あ》いであり調和である。美が美である所以《ゆえん》はそれがどこかで均斉がとれて安定感が現《あらわ》れているからである。

吾々《われわれ》が生《い》け花《ばな》を生けるにしてもその美は不安定の安定によって成り立っているのである。一方の重みが余《あま》りに重すぎてそこへくつがえろうとする不安定が、その反対のところにある花又は葉のスポットによって、均斉せしめられて安定感を得ている。そこに生《い》け花《ばな》の美があるのである。彫刻《ちょうこく》せる裸像《らぞう》の美は人体そのもののいろいろの要素が不平《ふへい》均《きん》でありながら一点に於《お》いて安定しているその平衡感《へいこうかん》にあるのである。ポーズの美も顔の筋肉の美も腕の筋肉の美も構図の美もすべて「不安定の安定」にあるのである。不安定は動《どう》を現《あらわ》し、安定は静《せい》を現す。「動」にして同時に「静」であり、「静」にして同時に動であるのが生命の本当の姿であり、それが現《あらわ》れ吾々《われわれ》に美として感ぜられるのである。

ともかく人間は他《た》の動物と異《ことな》り美感《びかん》をそなえていて、意識的にあらゆる相《すがた》を調和ある位置にあらしめてそれを美的構造《びてきこうぞう》に配列《はいれつ》しようという性質があるのである。野蛮人《やばんじん》は尚《なお》意識的美的感じをもたないこと動物に等しいものがある。しかし人類の文化が進むに従って意識的な美感《びかん》が発達してそれに従って人生を美しくしようという意欲が起ってくるのである。衣服にせよ、住居にせよ、食物《しょくもつ》にせよ、髪飾《かみかざ》りにせよ、すべて美しきものはそれだけ神の美的属性《びてきぞくせい》が現《あらわ》れているのであるから、それだけ尊いものであるのである。

人間は鉱物界《こうぶつかい》と植物界と動物界と本能界《ほんのうかい》と精神界《せいしんかい》と心霊界《しんれいかい》と神なる実相界《じっそうかい》の七つの世

界を自己の中《うち》に包容《ほうよう》しているのであるからその全体が調和ある発達をしたときに初めてその人は完全なる人格をそなえたものだということができるのである。だから吾々《われわれ》は肉体の発達をもおろそかにしてはならないのである。もっとも肉体を形成するところの栄養分は、画家が絵をかく場合の絵の具のようなものであって、その栄養分をどこへおくか、その絵の具をどこへ塗《ぬ》るかということは吾々《われわれ》の心によって操縦《そうじゅう》せられるところの運動によるのである。吾々《われわれ》が画面の或《あ》るところに絵の具を塗るならば、その所へ絵筆《えふで》を運動せしめねばならぬと同じように、吾々《われわれ》の肉体のある筋肉を発達せしめようと思うならば、その筋肉の部分に運動を与えなければならないのである。栄養と運動、これが人間の肉体美《にくたいび》を実現するところの方法である。もっともそれは「心」によってその運動を継続することができるのであるから、やはり「心」が肉体を支配しているのだということができるのである。いくら絵の具が物質《ぶっしつ》であるからといっても、絵の具を駆使《くし》して美しき絵を描くのは「心」の働きであるように、栄養によって肉体を美しく造ると云《い》っても、その栄養を何処《どこ》へ分配《ぶんぱい》するかは「心」にあるのである。

肉体美《にくたいび》は健康美《けんこうび》ともいわれているようにその健康によって大《おお》いに左右せられるものである。そしてその人の健康は食物《しょくもつ》によって大いに左右せられるのは、絵の美がそれに使う絵の具の種類によって非常に変化してくるようなものと同じである。多くの人たちは余《あま》り多くの食物をとりすぎるためにその健康をそこのうており、いたずらに皮下脂肪《ひかしぼう》を沈著《ちんちゃく》せしめて容貌《ようぼう》から若々しさを、従って美しさを失わせつつあるのである。本当の美しさは脂肪《しぼう》ぶくれにあるのではなくして、神の造り給《たま》うた筋肉の巧《たく》みなる配列《はいれつ》を土台としてその上に、極《ご》く僅《わず》かな脂肪によって柔かさの感じを与えてその上を美しき皮膚《ひふ》にて被《おお》うているものが本当の肉体美であって、折角《せっかく》神のつくりたまえる筋肉の美しき配列が見えなくなるほど脂肪を沈著せしめているのは美しいということができないのである。

筋肉美《きんにくび》は美しいにはちがいないが、それが余《あま》りに発達すると、神的《しんてき》な感じが失われる。その標本《ひょうほん》は東大寺の山門にある運慶《うんけい》、快慶《かいけい》合作の仁王像《におうぞう》の木彫《もくちょう》にも現《あらわ》れているのである。彼らは筋肉隆々《きんにくりゅうりゅう》としているが、ただ門番の資格しかないのである。仏像は余り筋肉美《きんにくび》をもっているものはないのであって、それが故《ゆえ》に却《かえ》って、精神の発達が示されているのである。観世音菩薩《かんぜおんぼさつ》の像《ぞう》は、ビルマ（註・一九八九年にミャンマーに国名変更）の仏像を除くほかは大抵《たいてい》は痩《や》せていて、清々《すがすが》しい感じを与えているのである。それはとにかく観世音菩薩といえども、全然肉体美《にくたいび》を失ってしまったならば、その肉体を媒介《ばいかい》として表現するところの精神美《せいしんび》も現れてくることはできないのである。ここにも均斉《きんせい》ということが考えられるのである。肉体の発達と精神性又は霊性《れいせい》の発達とが釣《つ》り合《あ》ったものとならなければならないのである。

あらゆるものは互《たがい》に釣り合いを保ち調和した姿でなければならないのである。如何《いか》に物質《ぶっしつ》が豊かであっても精神がそれに伴わないものはただの俗人《ぞくじん》にすぎないのである。又如何《いか》なる聖者《せいじゃ》といえども、これに物質の裏づけがないものは自己の生活さえも困難《こんなん》であって、人を救うどころか自分自身をすら救うことができないのである。肉体の健康は、その媒体《ばいたい》として精神が活動するのであるから、精神の持ち方が何事にもまして必要なものになる。その健康は決して食物《しょくもつ》の多すぎることによって養われるのではなく多くの人間は食いすぎているのである。多くの不健康者が朝食を全然ぬきにするか、或《あるい》は一椀《いちわん》を減ずるかによって終日その心が明るくなり、快活になり、頭も明快になって精神的仕事がずんずん運ぶのは事実なのである。

食物《しょくもつ》の過食《かしょく》は機関車に余《あま》り多くの石炭《せきたん》を詰込《つめこ》んだと同じように濛々《もうもう》と立ちのぼる黒《こく》煙《えん》の如《ごと》く、完全燃焼又は完全に消化しないところの毒素が血液内に吸収せられて、脳神《のうしん》経系統《けいけいとう》に或《あ》る有害なる影響を与えるのである。従って多くの過食する人たちは常に何となく不快で常に何となくいらいらして、腹立ち易《やす》くなり人生が面白《おもしろ》くないように感じられるのである。それがただ朝食一椀《いちわん》ぬきにすることによって大部分回復するとせられるならば、吾々《われわれ》はただ満腹感《まんぷくかん》の喜びを味《あじわ》うために終日の不快さを経験するが如《ごと》き愚《おろ》かなことをなしてはならないのである。

以上大分《だいぶ》肉体的物質的方面《にくたいてきぶっしつてきほうめん》のことを述べて来たが肉体は人間ではないのであって、人間それ自身が使うところの「機関《きかん》」であるのである。「機関」に銹《さび》ができていてはどんなに上手《じょうず》な技師といえども完全にその機関の全能力を発揮せしめることはできないのである。どんな立派な腕前《うでまえ》をもっている大工《だいく》でもその鉋《かんな》が銹《さ》びていてよく切れなければどんなに平らかに板をけずろうとしてもけずることはできないのである。大工は鉋《かんな》ではないけれども、鉋《かんな》を大切にしなければ完全な仕事はできないのである。人間は肉体ではないけれども肉体は人間の使う道具であるからそれを大切にしなければ銹《さ》びた鉋《かんな》を使っている大工と同じように、完全なる仕事をすることはできないのである。

読者《とくしゃ》は鉋《かんな》を研《と》ぐのにはどうするか。神想観《しんそうかん》をして「鉋《かんな》には銹《さび》はない」と念じてさえおれば銹《さび》はとれるであろうか。もしそんなことを信ずるものがあればそれは迷信《めいしん》である。誰《たれ》でもそんな愚かなことをするものはないであろう。しかし、肉体の場合になると、どんな物質的《ぶっしつてき》な操作《そうさ》をもしないで「ただ自分は健康である」と念ずるだけで健康になると信じている人もあるがそれは迷信であることは鉋《かんな》の場合と同様である。

すべて物質界《ぶっしつかい》には物質の法則があるのであり、精神界《せいしんかい》には精神の法則があり、霊《れい》の世界には霊の法則があるのである。もっとも精神は物質より優位であり、霊は精神より優位である。だから物質は精神によって支配されるのである。精神によってもどの物質をどこへ運び、どの食物をどの分量何時食すべきかということは精神が決定し、精神がそれを支配するのである。そして精神は物質《ぶっしつ》を支配するところの法則を理会《りかい》し、その法則を利用するのである。これによって吾々《われわれ》は鉱物《こうぶつ》の世界及び植物の世界を支配する。吾々《われわれ》が人間は物質にあらず霊性《れいせい》であると自覚したところが、物質を支配する法則すらもこれを理会《りかい》して利用することができないようでは物質以上の存在《そんざい》であるということはできないのである。さらに人間は動物の世界を支配する。動物のもっている性情《せいじょう》を理会《りかい》しそれを家畜として利用する。又その肉又は内臓等《ないぞうとう》の成分を支配するところの法則を理会《りかい》して、それを食物その他に利用するのである。もしそれを支配することができなければ人間は動物以上ということはできないのである。

吾々《われわれ》は、食欲《しょくよく》又は性欲《せいよく》という本能《ほんのう》を有《ゆう》する。吾々《われわれ》はこれをも支配しなければならないのである。吾々《われわれ》は味が好いから食するのであって食本能《しょくほんのう》の満足するまで腹一杯食べなければ我慢《がまん》ができないというのでは食本能《しょくほんのう》の奴隷《どれい》であって本能の世界を支配したということはできないのである。又如何《いか》にそれが快感であるからといっていたずらに性本《せいほん》能《のう》の満足に人間のエネルギーを消費しているようでは、性本能の奴隷《どれい》であって本能の世界を支配したということはできないのである。吾々《われわれ》が人間としての権威《けんい》を発揮するには自己の中に包容《ほうよう》するところのすべての世界を自己に従わしめてそれを調和ある姿に、適当なる時に適当なる場所に適当なる量に於《お》いて配列しなければならないのである。かくて人間が完全なる「人格」としてその美を発揮することができるのである。美的生活《びてきせいかつ》とは結局自己の中《うち》に包容するすべての世界を完全に発達せしめながら互《たがい》に調和ある相《すがた》におくということである。

かくて吾々《われわれ》は又精神の世界をも支配しなければならないのである。吾々《われわれ》は怒《いか》ったり憎《にく》んだりうらやんだりそねんだり、不平に思ったりする精神を陶冶《とうや》して常ににこにこ微笑《びしょう》し得《う》るような精神にまで訓練しなければならないのである。時に応じ、場所に応じて適当なる判断をあやまらず、明快なる解決をなし得《う》るところの明晰《めいせき》なる判断力を養わなければならないのである。如何《いか》なる困難《こんなん》に対しても、その困難を困難とせず、目的貫徹《もくてきかんてつ》まで初一念《しょいちねん》を把持《はじ》するところの勇気と意志とを養わなければならないのである。かくして吾々《われわれ》は精神界《せいしんかい》をも支配するのである。

更《さら》に吾々《われわれ》は霊《れい》の世界をも支配しなければならない。吾々《われわれ》は物質《ぶっしつ》の波動の世界にも住んでいるが霊的波動《れいてきはどう》の世界にも住んでいるのである。吾々《われわれ》は物理化学《ぶつりかがく》の研究によって、如《い》何《か》なる物理作用が人間に害を与え、如何《いか》なる化学作用が人間に毒性《どくせい》を有《ゆう》するかという事を知っていて、有害又は毒性あるものをさけようとするのであるが、霊的波動の世界に於《お》いても、吾々《われわれ》自身にとって有害なる波動と、有益《ゆうえき》なる波動とが存在《そんざい》するのである。(有害とはそれ自身「悪」と云《い》う意味ではなく、その時・処《ところ》・人に対して不相応《ふそうおう》の意《い》)吾々《われわれ》はその有害なる霊的波動に無防禦《むぼうぎょ》であってはならないのである。ラジオ・セットもあらゆる波長を同時に混信《こんしん》したのでは明瞭《めいりょう》なる放送をきくことはできないのである。吾々《われわれ》の精神も宇宙に漂《ただよ》うすべての霊的波動を選択せず感受《かんじゅ》するならば、結局吾々《われわれ》は妄念妄想《もうねんもうぞう》の受信器《じゅしんき》となって、何一つ霊界《れいかい》から有益なインスピレーションを受けることができないのである。そのために吾々《われわれ》は精神を統一して善き霊的波動のみに自分の精神の波動を合わすように修行《しゅぎょう》しなければならないのである。たんなる無念無想《むねんむそう》を目的とするが如《ごと》き精神統一の修行《しゅぎょう》に於《お》ては、それは選択作用《せんたくさよう》なきが故《ゆえ》に如何《いか》なる悪霊《あくれい》の霊波《れいは》の捕虜《ほりょ》となるかもしれないのである。吾々《われわれ》は鞏固《きょうこ》なる意志と、善き想念《そうねん》のみを維持《いじ》することによって善き霊の霊波《れいは》のみを感受《かんじゅ》するようにしなければならない。そのために吾々《われわれ》は常に精神を最高の霊にまします、無限の智慧《ちえ》、無限の愛、無限の生命なるところの神に心を集中して、ただ一念不動《いちねんふどう》、ただそれのみを念じながら、他《た》の念に於《お》ては無想状態《むそうじょうたい》に入るのである。かくて吾々《われわれ》は高き霊の霊波に感応《かんのう》し更《さら》に進んでは最高の神なる宇宙霊《うちゅうれい》の霊波を感受することができ同時に自己に宿る神の本性《ほんせい》がそこに完全に実現するということになるのである。是《これ》によって吾々《われわれ》は鉱物界《こうぶつかい》、植物界《しょくぶつかい》、動物界《どうぶつかい》、本能界《ほんのうかい》、精神界《せいしんかい》、心《しん》霊界《れいかい》の六つの世界を完全に支配して最後の完全なる第七の境界《きょうかい》たる神性《しんせい》を完全に発現《はつげん》したということになるのである。そのためにはいずれの七つの世界をも無視したり軽んじたりしてはならないのである。この調和を得たる生活が本当に人間の美的生活《びてきせいかつ》であるのである。

第八章　女性の美

『女性美とは何か』と云《い》う問題は、それ自身一種の偏《かたよ》った見解《けんかい》を示しているのである。何故《なぜ》ならそれは男性美に対立することを連想せしめるからであります。「人間の美しさとは何か」と云《い》うのではありません。女性特有のある種の美とは如何《いか》なるものかと云《い》うことであります。

ある日の放送討論会にて『男女の平等は行われているか』と云《い》うのがありましたが、その中で男性を代表した秦豊吉氏《はたとよきち》が「女性にはストリップ・ガールに成れると云《い》うように男性には出来ない特長がある」と云《い》うことを言っておられましたが、それは「女体《にょたい》の美《び》」と云《い》うことであります。これに対して佐多稲子《さたいねこ》さんは「それは女性の美を鑑賞《かんしょう》すると云《い》う意味に於《お》いてではなく、もっと低い意味の感情を刺戟《しげき》するものとして男性がそれを娯《なぐさ》もうとするのである」と言って抗議していられました。

この抗議の中には女体《にょたい》の美と云《い》うものが如何《いか》に人々を魅惑《みわく》するものであるかの秘密が暗黙《あんもく》の中《うち》に複雑な内容をもって語られていると思うのであります。その時、私の聴《き》いた感じでは、秦豊吉氏は別にストリップ・ガールを軽蔑《けいべつ》したような口調《くちょう》では言っていられたのではなかったのであって、男性が社会的に女性よりも優位を占《し》めているように女性側では言うけれども、男性にはとても及び難《がた》い「美《び》」的存在《てきそんざい》として女性は男性よりも優位を占《し》めていると云《い》う実例として、男性のストリップ・ボーイはないけれども、女性にはストリップ・ガールをしていても優《ゆう》に生活し得《う》るのであって、その点、男性にも長所はあるが、女性にも男性の及ばない長所がある、だから男女は社会的にも平等であって、映画女優の如《ごと》きは概《おおむ》ね男子の到底《とうてい》及ばない高給を貰《もら》っているから、現代の社会に於《お》いて女性が男性よりもしいたげられていると云《い》う事実はないと言われたように受取《うけと》れました。

それに対して佐多稲子《さたいねこ》さんは、特殊の女性が男子よりも高給を得ているからと云《い》って女性が男性よりも社会的に優遇《ゆうぐう》されていると云《い》うことは結論出来ない、統計的に云《い》って女性の給料が少《すく》いこと、輿論《よろん》調査によっては「今度は男性に生れたい」と云《い》う人の多いことによっても現在社会的に女性が虐《しいた》げられていることをあらわしていると言われました。

これに対して秦豊吉《はたとよきち》氏は「私などは今度は女性に生れたい。男性の苦しみと云《い》うものはとても耐《た》えられない」と言われましたが、いずれにしても、女性が女性であるのは彼女が女体《にょたい》であると云《い》うことであります。「女性に生れる」と云《い》うことは「女体に生れる」と云《い》うことであって、「女性的愛情をもった人に生れたい」と云《い》う意味ではないのであります。この意味に於《お》いて、『女性美とは何か』と云《い》う問題に対する回答も、女性美《じょせいび》とは「女体《にょたい》に属する美」だと回答することになると思います。

瑜伽《ゆが》(註・ヨガ。古代インドに発し、呼吸法や瞑想などを通じて解脱に至る修行法)の諺《ことわざ》に「コブラ(毒蛇《どくへび》の名)は一咬《ひとか》みで人間を殺すが、女は一目《ひとめ》で男を殺す」と云《い》うのがあります。だから、女性の眼《め》の美しさに魅《み》せられたら長年の修行《しゅぎょう》も無駄《むだ》になってしまうと云《い》うのであります。「クレオパトラの鼻の寸法がもう少しちがっていたら世界の歴史は非常に変ったものとなっていたろう」と云《い》われるのも、女性の肉体美《にくたいび》が世界を動かす力を持ち、男子に対して活殺自在《かっさつじざい》の力をもっていると云《い》うことであります。前者《ぜんしゃ》は眼の力であり、後者《こうしゃ》は鼻の力であります。唇《くちびる》の力がどんなに多くの男性を魅惑《みわく》するかは先日新聞に出ていた「女性にキスを求めて、舌を噛《か》み切られた男」の実例によっても知ることが出来るでしょう。女体《にょたい》の美が男性を魅《み》する力は蛾《が》が「飛んで火に入《い》る夏の虫」の危険をもわすれて焔《ほのお》に向って吸引《きゅういん》せられるようなところがあるのであります。歌舞伎座《かぶきざ》で見た『源氏物語《げんじものがたり》』に於《お》ける桐壺《きりつぼ》のミカドが藤壺《ふじつぼ》の女御《にょご》（註・皇后、中宮《ちゅうぐう》につぐ位）の美に魅せられて、「朕《ちん》は国を傾けても、お前を得たい」と言われる。女性はその肉体美《にくたいび》によって男性をかくの如《ごと》く、活殺自在《かっさつじざい》に操縦《そうじゅう》することが出来るのであります。女性は、男性を手段として国を興したり国を傾けたりする事も出来るのです。

筋肉的暴力《きんにくてきぼうりょく》では男性は女性より強いかも知れません。しかし女体《にょたい》の美は男性に対して一種の美の暴力を揮《ふる》っているのであります。ストリップを見に行く男性は、女性美を鑑賞《かんしょう》するよりも、もっと低い或《あ》る娯《たのし》みを味《あじわ》うために行くのだと佐多稲子《さたいねこ》さんは言われましたが、それはそうかも知れません。それは低い情欲《じょうよく》の間接的な遂行《すいこう》であるかも知れません。それゆえにこそ佐多稲子さんも秦豊吉《はたとよきち》氏も、女性みずからが自己軽蔑《じこけいべつ》していることによって男性から軽蔑《けいべつ》せられるのだと言われたのだと思います。しかしそれは、「女性の肉体を娯《なぐさ》む男」として男性を観《み》るからでありますが、これを「女性の肉体美《にくたいび》の暴力に魅《み》せられて、尊い霊《れい》の尊厳《そんげん》を奪われているヽヽヽヽ男」として観《み》る場合には、男性の方《ほう》が被害者だと云《い》うことが出来るのです。こう云《い》う立場で、女体美《にょたいび》の暴力の禁制的《きんせいてき》な戒律《かいりつ》を設けたのであって、決して女性を軽蔑《けいべつ》して「女人禁制《にょにんきんせい》」の戒律を設けたのではありません。この意味において瑜伽《ゆが》の諺《ことわざ》にある「女は一目《ひとめ》で男を殺す」と云《い》うのも魂の修行《しゅぎょう》をしているものが、女体美の暴力でその魂を奪われてはならないと云《い》う自己防禦《じこぼうぎょ》の溜息《ためいき》だと云《い》うことが出来るのである。

以上述べた如《ごと》くに、女性の美は、それが男性に娯《なぐさ》まれるにせよ、讃美《さんび》されるにせよ、或《あるい》は男性からその魂を奪うにせよ、女体《にょたい》の美であると云《い》うことなのです。先日、生長《せいちょう》の家《いえ》の青年達の或《あ》る集りで一人の青年が「吾々《われわれ》が女性に友情を示す場合、純粋に友情と云《い》うものは有り得ない。そこに必ず恋愛と云《い》うか、女性に対する特有な愛情と云《い》うものが混入する。純粋に友情と云《い》うものは同性間《どうせいかん》に於《お》いてしか有り得ない」と言ったが、（それに反対論もあったが、）それほどに男性は女性に対して依怙贔屓《えこひいき》する、或《あるい》は友情以上の友情を示すものです。それほど男性は女性の特有な美に魅《み》せられ支配される場合が多いと云《い》う事です。男女の平等などと云《い》うことが唱《とな》えられますけれども、男性の筋肉的な力は女性の一顰一笑《いっぴんいっしょう》の前に自由に左右せられてしまうのです。まことに「柔《じゅう》よく剛《ごう》を制《せい》す」とはよく言ったものであります。「天は二物《にぶつ》を与えない。そして平等である」。男性には「筋肉の力」を、女性には「美の力」を与えたのです。そして女性は男性の筋肉の力に凭《よ》りかかって、その被護《ひご》を受けます。この面に於《お》いては男性は女性より優位です。しかし、女性はその美の力によって男性の力の方向を決定します。この点に於《お》いて女性は男性より優位です。しかし美を失った女性は？　それは力を失った男性と同様です。それは或《あ》る意味に於《お》いてみじめです。

「女性に対しては純粋に友情と云《い》うものはあり得ない」と一青年が叫んだことは、女性美の魅力の奥には性的なものが必然的に結びついていると云《い》うことをあらわしているようです。だから、女性の肉体美《にくたいび》は妊孕力《にんふりょく》(註・妊娠する力)がなくなる年齢になると急激におとろえはじめます。換言《かんげん》すれば男を魅惑《みわく》する力がなくなるのです。だから、老婆《ろうば》のストリップと云《い》うものは有り得ない。それほどに女体美《にょたいび》は性的なものに結びついているのです。花の美もその結実《けつじつ》のためであり、鳥の美も異性を呼ぶためのものである。生命はより美しきものを、永遠を通して実現しようとしています。永遠を通して美を実現しようと思うならば生殖《せいしょく》しなければならない。永遠の持続は個体では遂《と》げられない、生殖によってのみ遂げられるからです。そして、より美しきものを実現するためには、より美しきものに引きつけられそれを選択しなければならない。そこに男性が女性の美を喘《あえ》ぎ求める原因があるのです。そこには「永遠なる者」の意志が動いているのです。ストリップに集る男性が多いと云《い》うことは家庭に、即ち自分の妻に、永遠に持続するに価《あたい》する「美」が表現されていないと云《い》うことにほかならない。結婚するまでは出来るだけ自分の肉体美を磨《みが》こうとする女性が、結婚すると美の表現など少しも考えなくなってしまって、単なる家政婦になってしまう女性が如何《いか》に多いか！　ここに家庭の悲劇の出発があるのです。

女性美が女体《にょたい》の美であるとしても、その構成要素は何であろうか。第一、顔貌《がんぼう》の美。第二、肉体全体の美。第三、内に包む美。第四、精神の美の四つに大別し得《う》ると思う。はじらいの美、しおらしさの美、奥ゆかしさの美などは「内に包む美」の表現であると云《い》うことが出来るのであります。堂々と全裸体《ぜんらたい》を露出《ろしゅつ》して、女性に迫って来られたら大抵《たいてい》の男性は逃げ出してしまうでありましょう。羞恥《しゅうち》を失った女性はその魅力の半ばが減殺《げんさつ》されます。女性の美的特質《びてきとくしつ》は内に包むところにあるのです。それはその肉体全体が骨や筋肉を露骨《ろこつ》にあらわさず、皮下脂肪《ひかしぼう》で目立たないように包んでいるところにもあらわれています。羞恥《しゅうち》は感情でありまして精神が肉体にあらわれて一種の美を添《そ》えるのであります。更《さら》に精神の美に於《お》いては、教養の美、智慧《ちえ》の美、愛の美、心の美等《とう》が、悉《ことごと》く肉体にあらわれるものでありますから、これらの教養を怠《おこた》ってはなりません。心の教養を失わないとき、年老いて容色《ようしょく》の美は失われても、何となき精神美《せいしんび》が容貌《ようぼう》にかがやいて見えるようになるのであります。老いて尚《なお》美しいと云《い》うような婦人はこのような精神美を備《ととの》えている人であります。

第九章　心の焦点《しょうてん》

諸君の蟇口《がまぐち》の中に大きなお金や小さいお金が無数に入っているとする。諸君は相当富《ふ》豪《ごう》であると想像せよ。さてその中の十銭貨幣《じゅっせんかへい》(註・一円の十分の一)をとってそれを自分の目に余《あま》りに近づけるならば、その十銭のみは見えるけれども、その他《ほか》にあるところの沢山《たくさん》のもっと値打のある貨幣は見ることができないであろう。

これと同じことが、人の欠点を見つける場合にもいうことができるのである。余りに小さな欠点ばかりに目をつけると、その人の全体の力量《りきりょう》がどれほどあるかということがわからなくなるのである。だから我々は人のささいな欠点を見て直《ただ》ちにその人の全体の価値を批判《ひはん》してはならないのである。我々は人を見るのにその全体を見なければならないのである。もしその人の金庫から、あるだけの貨幣を出してそこに並べるならば、そして全体を見渡すならば、まず小銭《こぜに》などは目につかないで大きな札束《さつたば》ばかりが目につくに違《ちが》いないのである。それと同じようにすべての人は神の子であるから、無限の善さをもっているのであり、我々が余《あま》りに小さな欠点を自分に近づけて見ようとしない限り、きっとその人の立派な神性《しんせい》が見られるに違いないのである。吾々《われわれ》が人々の欠点を見てそれを強調し、それをさばくことは、人は神の子であるから、神自身をさばくことになるのであって、我々はもっと神の善さを見てほめたたえることにしなければならないのである。

我々は外見《がいけん》に捉《とら》われると中味《なかみ》の立派さがわからないことが随分《ずいぶん》あるものである。倉田《くらた》百三《ひゃくぞう》(註・明治二十四年広島県生まれ。宗教的思索を重ねた文筆家。代表作は親鸞とその弟子・唯円を描いた『出家とその弟子』)が生きていた時、こんなことを話していたのをきいた事がある。彼がゴッホの油絵をもっていたが、最初これを、誰《たれ》からか譲《ゆず》ってもらった時、非常に立派な豪華《ごうか》な額縁《がくぶち》の中に収められていたのであるが、絵そのものはその豪華な額縁の金色燦然《こんじきさんぜん》たる光にけおされて充分そのよさが判《わか》らないのである。いつもその絵を眺《なが》める時、何か不調和なあるものを感ずるのである。もっとゴッホの絵は感じのいいはずであると思うのであるけれどもそれがそのよさが充分感じられないのである。何故《なぜ》だろうと数日間不思議《ふしぎ》に思っていたが、ある日それが絵と額縁との不調和から来るものだということに気がついたのである。余《あま》りにその額縁が絢爛《けんらん》すぎて、目が額縁にとらわれて絵のよさがわからないのだと気がついたのである。そこでその額縁《がくぶち》をやめて、今度は余り目立たない淡色《うすいろ》の額縁にはめ変えて書斎《しょさい》にかけることにしてみると、その単純な額縁の中に中味《なかみ》の絵がもり上《あが》っていかにも生命溌剌《せいめいはつらつ》と迫ってくるような感じに見えたということをいっていた。これは何を意味するかというならば、中味のよさは、外見《がいけん》にとらわれていたならば決して本当にわかるものではないということを教えるところの適例《てきれい》であると思うのである。

人の欠点を見るものは、額縁にのみ目をとめるものであって、真にその人の中味《なかみ》であるところの値打《ねうち》を見るものではないのである。我々は人間の額縁のみを見て、人そのものを見る目を失ってはならないのである。しかも我々は自分の心に従って人の周囲に額縁をつけて見て、自分の心の影だとしらずしてその額縁を批判してみようとするのである。ここにイエスが「汝《なんじ》らさばくこと勿《なか》れ、汝《なんじ》らもさばかれん」といった真理があるのである。他《ひと》が悪いとさばいている場合、実は自分自身をさばいているのである。

これに反して神の目は余《あま》りに純粋であるがために決して人の悪を見給《みたま》わないのであ

る。「光」は「暗《やみ》」を見ることができないと同じように神は悪を見ることができないのである。神は罪を見ることができないのである。神は決して人間の額縁《がくぶち》を見給《みたま》わないのであって、人間そのものを見給《みたま》うのである。だから神の前には罪はないのである。神が罪の故《ゆえ》に人間を罰《ばっ》し給《たま》うというが如《ごと》きことはあり得ないのである。神の前には罪がないのであるから、神は人を罰し給《たま》うのではなく、光が暗《やみ》を消すように罪を消し給《たま》うのである。

だから我々が神に向う時、過去の罪を恐れることはいらないのである。誰《たれ》でも神に直々《じきじき》対面する権利があるのである。人間は神の子であるからである。神に対面する時、すべての過去の罪は消え、人間は新たに生れるのである。だから人間は毎日新生であり、毎日が新しき祝福の曙《あけぼの》である。だから吾々《われわれ》は過去のことをくよくよ思ってはならないのである。太陽のさしのぼる前にはどんな昨夜来《さくやらい》の暗黒も消え失せて再び存在《そんざい》しないのである。我々にとっては毎日が祝福であり、毎日が新生である。

一見神罰《いっけんしんばつ》と見えるようなことは決して神から来るのではないのである。それは人自身の罪の観念《かんねん》から生じたところの自己処罰《じこしょばつ》の相《すがた》にすぎないのである。総《すべ》ての罪と悪とは中《なか》味《み》の絵そのものにあるのではなくして、ただ額縁《がくぶち》にあるのみなのである。我々はすべての額縁をはずしてしまって、神の子なる人間そのものに対面しなければならないのである。

もし我々の前に不深切《ふしんせつ》な人や自分のためにならない事をする人などが現れたならば、それはその人そのものではなく、その人の額縁であると思わなければならないのである。そして静かに相手に対して心の中《うち》で次の如《ごと》く念ずるがいいのである。

「あなたは神の子である。正真正銘《しょうしんしょうめい》の神の子である。あらゆる善の本源《ほんげん》であるところの神の子である。善なる本源からは善なる結果のみが現れるのである。あなたは神の子であり、善であり深切《しんせつ》であるのである」

こういう言葉を繰《く》り返《かえ》し繰り返し念じてそして自分が彼を本当に完全なる神の子であると見得《みう》る心境《しんきょう》に達することが必要なのである。以上の如《ごと》き思念《しねん》の言葉を用うるのは、悪人であるところの相手を善人に変化してしまう為に用うる強制的力《きょうせいてきちから》としての言葉であると考えてはならないのである。相手はすでに神の子であり、善人であるのである。この思念《しねん》の言葉は、自分が彼を善人と見ることができるように自分自身の潜在意識《せんざいいしき》を説得するために使うところの言葉にすぎないのである。「みられる世界はみる人の心の影であるから、あなたは善人である」とこちらが彼を本当に見ることができるようになった時その真相《しんそう》が現れるのである。悪人が善人になるのではなく、こちらの心の目が開くが故《ゆえ》に、善人が善人であるところの実相《じっそう》を現すのである。

我々は他《た》のすべての人を善人であるとみなければならないと同時に、自分自《みずか》らをも悪人であるとみてはならないのである。我々は時として他《ひと》に対して苛酷《かこく》であると同時に自分自身に寛大《かんだい》であることもある。自分自身に対して苛酷《かこく》であって他《ひと》に対して寛大であり得《う》るのである。しかしそのいずれをも公平《こうへい》の見《けん》というわけには行かないのである。我々は神が彼を見給《みたま》う如《ごと》く彼を見なければならないと同時に神が我《われ》を見給《みたま》うが如《ごと》く、我《われ》を見なければならないのである。創世記《そうせいき》には、「神その造り給《たま》いけるすべてのものを見《み》給《たま》いけるに甚《はなは》だよかりき」とあるのである。神の前には悪は存在《そんざい》しないのである。我々自身も神の子であるから自分自身を神の子として尊敬し、大《おお》いに自信を持ち、大いに歓《かん》喜《き》し、その尊厳《そんげん》をきずつけないように行動しなければならないのである。

我々は他《ひと》と自分とを神の子として完全なるものとして見る徳を養うと同時に、神の造り給《たま》いしこの世界を完全なるものとして見る徳を養わなければならないのである。人類はアダムが「智慧《ちえ》の樹《こ》の実《み》」を食《しょく》して以来、換言《かんげん》すれば神の心と人間の心との二重の智慧《ちえ》をもって以来、善と悪とを二重に見ることになったのである。そして二重写しの写真のようにそこに不完全なる姿を見、それが単なる心の影なる写真に気がつかず、その不完全な姿が恰《あた》かも実在《じつざい》であるかの如《ごと》く見るようになったのである。そしてここに欠陥《けっかん》があり、ここに欠点がありという、我々はこの二重写しの原理をきわめなければならない。善と悪との二重写しの如《ごと》く見えるこの世界の姿は果して真にかくの如《ごと》き不完全なる姿が存在《そんざい》するからであろうか。二重写しの如《ごと》く見えているのは実は自分の心が真実の存《そん》在《ざい》(実相《じっそう》)に対して心の焦点《しょうてん》があっていないから、ピンぼけになってかく見えるのである。心の焦点を実相《じっそう》に集中する時、はっきりと、神の造り給《たま》いしそのままの完全なる姿に於《お》いて実相《じっそう》を見る事ができるであろう。その時この世界は完全なるところの真相《しんそう》を現すのである。かく心のピントを実相にぴったりと合わす時それを正しき信仰というのである。

我々が、実在《じつざい》の世界の実相を見つめる時、そこには実に豊かな供給《きょうきゅう》が充満《じゅうまん》しているのである。あらゆる自由と幸福と、あらゆる便宜《べんぎ》と豊かさとが満ち満ちているのであって、それは我らの希望するところに従って何でもすでに与えられているのである。我々は現象界《げんしょうかい》に於《お》いては自分の欲する事物を求めんが為には、まず蟇口《がまぐち》にいくらあるか、預金帳《よきんちょう》にいくらあるかを眺《なが》めて見てから、それを買うか買うまいかと思案《しあん》するのが常識であるが、かくの如《ごと》きは真に正しき信仰をもてるものではないのである。蟇口《がまぐち》の中や、預金帳の数字や、感覚面に現れている財源《ざいげん》のみが、神から人間に与えられている財源ではないのである。我々の財源は無尽蔵《むじんぞう》の宝庫《ほうこ》であるところの「神」であるのである。我々は蟇口《がまぐち》の条件によって物を考えず、預金帳の条件によって物を考えず、神の子の条件によって物を考える事が真の神の子としての宗教的立場であるのである。現象《げんしょう》は有《ゆう》限《げん》である。しかし実相《じっそう》は無限であるのである。聖書に於《お》いては、現象《げんしょう》の有限なる供給《きょうきゅう》源《げん》にのみ頼ってさすらい歩いているところの人間を、「放蕩息子《ほうとうむすこ》」にたとえているのである。その限りに於《お》いて現象の供給源のみに頼るものは結局貧しいのであり結局欲するものを得《う》る事ができないのである。しかし放蕩息子《ほうとうむすこ》が父の家に帰って来る——即ち神なる無限の供給源《きょうきゅうげん》に帰ってくるのである。その時神はいい給《たま》うのである。「わが子よ、汝《なんじ》はよく帰った。今より後汝《のちなんじ》は常に吾《われ》と共にあらん、我《わ》がもてるすべてのものは汝《なんじ》の宝である」こうして放蕩息子は神の子となり黄金の指環《ゆびわ》をはめられ、新しき靴をはかせられて新生活に出発するのである。これを簡単にいうならば、真の信仰は目に見える貨《か》幣《へい》の条件に於《お》いて物を求めず、真に自分の生活になくてならぬものを神に対して「既に与えられたり」として求むる時には、自然とその求むるものが誰《たれ》かの手を通して入ってくるのであり、その代価《だいか》として支払う貨幣も必要ならば入ってくるのであり、又その貨幣の必要のないこともあるということである。

信仰深き人は、自分の財《ざい》を悉《ことごと》く出し切って、最後の一銭迄《いっせんまで》もなくなった時に不思議《ふしぎ》に次の豊かなる供給《きょうきゅう》が与えられるという体験をもっているのである。実は「最後の一銭」等《など》という最後なるものは決して存在《そんざい》しないのであって、その「最後の一銭」を捨てるということは現象《げんしょう》の富《とみ》を心の世界から去って、実相《じっそう》の無限供給《むげんきょうきゅう》に心をふりむける事になるのであるから、次なる豊かなる供給《きょうきゅう》が始まるのである。

我々が神に対してその供給を祈る時、余《あま》りに自分の求むるものは固定的に考えてはならないのである。それは結局現象界《げんしょうかい》のものをつかむということになり、それだけ実相《じっそう》からピントがはなれるということになるのである。現象界は唯《ただ》影の世界であるから、我々のピントの向け方が、小さなものにピントを合《あわ》している限り大きなものは現れては来ないのである。人間の求むるものは、概《おおむ》ね常に神が与えておられるものよりも小さいのである。多くの場合我々は現象の額縁《がくぶち》に気をとられて額縁の方《ほう》を欲しがり最も価値ある中《なか》味《み》の絵を忘れてしまいがちなのである。そこでもっともよい祈りは、「神よこれを与え給《たま》え。わが心をなさんとするにはあらず、み心の如《ごと》くならしめ給《たま》え」というべきであって、そしてわが求むるもの以上のものが必ず与えらるべしと期待することであるのである。

第十章　色彩《しきさい》の世界と人生

色彩《しきさい》の波動《はどう》は如何《いか》にして感じられるのであろうか。色彩の相異《そうい》は物理的《ぶつりてき》に分析《ぶんせき》して行けばエーテル波《なみ》の長さの相異にすぎないのである。それを吾々《われわれ》は感覚器官《かんかくきかん》を媒体《ばいたい》として波と感ぜずして色彩として感ずるのである。もし吾々《われわれ》の生命の中《うち》に色彩を感ずる能力がなかったならば如何《いか》なる波長も悉《ことごと》く色彩に感じられないはずである。そこで色彩とは外界のエーテル波そのものにあるのであるか、それとも人間自身の心の中《うち》にあるのであるかが問題となってくるのである。犬は色盲《しきもう》であってどんな美しい色彩も見る事が出来ずただ明暗《めいあん》だけがわかるのであるという事であるが、その事は自分はまだ犬になって見ないから、本当かどうかは知らないが、見る人の心及び、肉体的装置《にくたいてきそうち》の如何《いかん》によって、色彩の感じ方が異《こと》なることは明らかなのである。

一応以上のことを許容《きょよう》しておいて、さて一般の人間はAが赤い色だと感ずるものをBも赤い色と感じ、Aが黄色だと感ずるものをBもまた黄色だと感ずるのである。その他《た》の色彩についても同様であるのである。何故異《なにゆえこと》なる人間が、別々にはなれているところの人間が同じような色彩の感覚を有《ゆう》するのであろうか、それは物理的に分析《ぶんせき》してみればただのエーテルの波にすぎないものを、肉体の異《ことな》る人間が或《あ》る波長を契機《けいき》として同一の色彩と感ずるということは、各人は別々の肉体を有《ゆう》しながら本来同一の心又は生命を共通にもっているということを示しているのである。

以上の論理で、色彩《しきさい》はまず人間の心又は生命の中《なか》に共通的に宿っているということができるのである。すべての人間に共通的に宿っているということは、別々の人間に別々のものが宿っているのではなく、普遍的《ふへんてき》なものが普遍的な色彩が宇宙にあるという事を示しているのである。そこで色彩は人間の心の中《なか》にそして同時に人間の外にもあるのである。それは主観的《しゅかんてき》な存在《そんざい》であると同時に客観的《きゃっかんてき》存在でもあるのである。

もし犬が色彩を見得《みえ》ないとしたならば、色彩が無いからではなく、色彩を見る能力がないにすぎないのである。まず、色彩は実在《じつざい》する。それは吾々《われわれ》の心の中《うち》にもあり外にもある。心の中《うち》にあるということは色彩は心の波であるということである。色彩が心の波であるならば、吾々《われわれ》の肉体の外にあるところの色彩も心の波であるといわなければならないのである。外界にあるところの松の緑も薔薇《ばら》の花の紅《くれない》も茜《あかね》さす東雲《しののめ》の色も悉《ことごと》く心の波又は生命の波といわなければならないのである。（ここに云《い》う心とは大生命の波動《はどう》である）そこで吾々《われわれ》は再びすべての存在《そんざい》が、生命の波又は心の波によって出来ているというところの根本問題にかえる時に色彩《しきさい》というものがただの波ではなくて吾々《われわれ》の生命に或《あ》る影響を与えるところの波であるということを知ることができるのである。古く日本には紅療法《べにりょうほう》というものが行われていて紅花《べにばな》からとった色素《しきそ》を或《あ》る神経中枢《しんけいちゅうすう》に関係の深い皮膚《ひふ》の部分に塗《ぬ》りつける事によって病気が癒《い》える実験をした人があるが、最近では色素の注射によって病気を癒《いや》すような考案《こうあん》が試みられて或《あ》る程度の成功が収められているのである。田辺製薬株式会社で発売しているアクチゾールという注射薬は肺炎《はいえん》その他《た》の病気の治癒《ちゆ》に卓効《たっこう》を有《ゆう》するといわれているのであるがこれは単なる赤色《せきしょく》の色素《しきそ》である。その外二三《ほかにさん》の単なる色素にすぎない薬品が近頃市内にズルフォン剤《ざい》の代用等《とう》に用いられつつあるが、もしそれが効果があるとするならば、それは明らかに「色素とは生命の波の或《あ》る結晶体《けっしょうたい》」であるということによって可能であるのである。生命の波であるから、生命に働きかけて或《あ》る反応を起すのである。その色素なるところの物質《ぶっしつ》は「心の波」の具象化《ぐしょうか》であるのであるから吾々《われわれ》の生理作用《せいりさよう》に影響を与え自然療能力《しぜんりょうのうりょく》を増進《ぞうしん》し、病気を治癒《ちゆ》せしめるということも一応考えられるのである。

過去に於《お》いては色彩療法《しきさいりょうほう》(有色光線療法《ゆうしょくこうせんりょうほう》)は時として神経病《しんけいびょう》の治療《ちりょう》に用いられたのであって、緑色《みどりいろ》は鎮静作用《ちんせいさよう》を心に与え、赤色《せきしょく》は精神興奮《せいしんこうふん》を導き出すと考えられているのである。

又或《あ》る種の医師は、人間のオーラ(後光《ごこう》)の研究をしてオーラの色彩《しきさい》によって病気の診断を行うことにし、そのオーラの色彩に対して補色的関係《ほしょくてきかんけい》を有《ゆう》する色彩の光線を患者に照射《しょうしゃ》する事によって患者を健康化する方法を案出《あんしゅつ》したともいわれているのである。人間のオーラについては色々実験方法があるのであって、過去に於《お》いては、霊《れい》的能力《てきのうりょく》の開けた人のみに見えると思われていた時代もあるが、しばらく習熟《しゅうじゅく》するようにするならば、誰《たれ》でも人間のオーラを多少とも見ることができるのである。特に手掌《てのひら》から放射されるところのオーラはもっとも視《み》え易《やす》いので、黒板のような黒い背影《はいえい》を後《うしろ》においてそこへ手掌《てのひら》をかざして見つめるようにすると指先及び手掌《てのひら》から放射されるオーラが見えてくるようになるものである。

オーラの色彩《しきさい》は人により又同じ人に於《おい》ても、その人の心的状態《しんてきじょうたい》又は感情の状態によって色彩が変化するのである。それは人間の顔色がその人の心的状態又は感情の状態によって変化するのにも似ているし又多少連関があるのである。熱烈な宗教的傾向の心をもっている人のオーラは晴れた空のような薄藍色《うすあいいろ》をしているのである。知性《ちせい》にすぐれた人のオーラは黄色をしている。その知性が宗教的に高まって叡智《えいち》ともいうべき雰囲気《ふんいき》を放散している人のオーラはその黄色が淡《うす》くなって黄金色《おうごんしょく》をして輝いている。霊的治療《れいてきちりょう》家《か》として治癒能力《ちゆのうりょく》の強い人のオーラは普通紫色《むらさきいろ》をしているものである。恋する人のオーラは桃色からピンク色などをしており、熱情に燃えている場合には非常に赤い紅《くれない》色《いろ》のオーラを放散《ほうさん》しているのである。もっともこれはその人のその時の感情によって淡《うす》くもより濃《こ》くもなり色も種々《しゅじゅ》にその中間的色彩《しきさい》を帯びてきたりするのである。

自然界に於《おい》ても色彩が大自然の生命の波を表現していると見る時には非常に興味あるものである。薔薇色《ばらいろ》や石竹色《せきちくいろ》(註・植物セキチクの花の淡い赤色)や桃色《ももいろ》が愛の表現であるという事は恋する人が自然にそのような色彩《しきさい》を身辺《しんぺん》に飾りたくなり或《あるい》は頬紅《ほおべに》を塗《ぬ》り口紅《くちべに》をつけ、赤い蹴出《けだ》し（註・和服用の下着の一つ）を身にまとったりするのも、同波長のものが自然にあい寄る原則と見ることができるのである。愛は生む力であるから生み出す所はそれにふさわしい赤い赤色系統《せきしょくけいとう》の色彩をもっているのである。太陽が朝さしのぼる前に東の空は紅《くれない》に色彩《いろど》られる、それはその日の誕生でありその日その世界その地球の誕生であるともいうことができるのである。かくて紅《くれない》の中《なか》から新生命が誕生するのである。最初は淡桃色《うすももいろ》にかすんでいた空が烈々《れつれつ》たる赤さの太陽となって出現する、世界は紅《くれない》にそめられて太陽の愛を受けるのである。

やがて太陽はその紅《くれない》の色彩《しきさい》をすてて黄金色《おうごんしょく》に輝き始めるのである。その頃になると人間は目覚めてその知性《ちせい》が輝き出るのである。知性は黄色のオーラをもっており、叡智《えいち》は黄金色のオーラをもっているとはすでに述べた通りである。

太陽が黄金色に輝いている間中吾々《あいだじゅうわれわれ》は知性の刺戟《しげき》をうけるのである。生きとし生けるものはその期間或《あ》る意味に於《お》いて、何らかの程度に於《お》いて悉《ことごと》く知性的活動を続けるのである。しかし太陽が黄金色に輝く彼方《かなた》は緑の草原が、森が、或《あるい》は庭園が拡がっている。緑は吾々《われわれ》には鎮静《ちんせい》の感を与える、吾々《われわれ》はそこにてしばし憩《いこ》うのである。

夕方になって太陽が沈み始める。太陽の黄色又は黄金色《おうごんしょく》は次第にうすれる。それに従って人間達の知性の亢奮《こうふん》も次第にうすれる。頭が疲れている。事務所は閉鎖《へいさ》されてすべての働《はたら》き人《びと》は自分の塒《ねぐら》に帰るのである。そこには家族の愛が待っている。太陽は愛の表現であるところの紅《くれない》の色を落日に現し始める。

やがて吾々《われわれ》は晩飯《ばんめし》を食う。電灯《でんとう》がともる。電灯は人工色であるが、やや、黄色又は黄金色《がねいろ》の光を放つ、その色彩《しきさい》は又、人間の知性《ちせい》を刺戟《しげき》するのである。疲れがやや《こ》なおる。そして又仕事や研究を続ける人もあるが遊びに行く人もある。或《あ》る人は緑の蚊帳《かや》の中《なか》で安静の色彩《しきさい》を楽しんで眠るが、或《あ》る人はダンスホールで紅《くれない》のネオンサインの光を受けて、そこで愛を楽しむのである。

遂《つい》に深い夜が来る。灯《ともしび》が消える。周囲が暗黒になる。総《すべ》ての生命の波が鎮静《ちんせい》する。その時には人間もまた眠るのである。しかし吾々《われわれ》の魂は必ずしも眠っていない、それは色彩をこえた色彩のない光を放っている。そして色彩を超えた目に見えない不思議《ふしぎ》なる神の霊《れい》と交通しながら肉体の寝ている間も養われているのである。

第十一章　精神と肉体

ヘレン・ケラーの『私の生涯《しょうがい》』という自叙伝《じじょでん》第一巻が手に入ったので読んでみた。教えられることが、とても多い。盲目《もうもく》で、つんぼで、おしの子供の感じる世界は、吾々《われわれ》のように目が見え、耳が聞え、ものが言える人間の感じる世界とは、大分違《だいぶちが》うらしい。

先ず、他人が自分に対して色々と意志表示《いしひょうじ》をしても、それを感受《かんじゅ》することができない子供は、自分の意志のみを通し、自分の感情によってのみ行動する。簡単に言えば、我儘《わがまま》な、非協力的な子供である。鍵《かぎ》をかけることを始めておぼえた彼女が、母親を一室にとじこめて、三時間も出ようとしてあせる母を眺《なが》めて喜んでいたり、恩師《おんし》サリヴァン先生が彼女の家へやって来た始めに、一室へ鍵をかけて閉《と》じこめてしまい、その鍵をかくしてしまったので、彼女の父が梯《はしご》をかけて窓から、サリヴァン先生を連れ出すのを見て、大変嬉《うれ》しがったりした彼女は、確《たしか》に普通の子供と違っている。

この子供に「深い愛」をもって、順次普通の感覚を教え込んでゆくサリヴァン先生の教育法は、二十世紀の謎《なぞ》と云《い》われたヘレン・ケラーを完成する天才教育の偉大な実《じっ》践《せん》である。ケラーは、少しも規則的な授業を受けず、彼女自身一番熱心に勉強した時でも、自分は仕事をしているのではなく、「遊んでいる積《つも》り」であったと云《い》う、この事実が、「勉強とは苦しい厭《いや》なもの」という印象《いんしょう》を与える、今の日本の学校教育の大《おお》いに反省すべきことである。

もし人々が、遊戯《ゆうぎ》をする時のような熱心さをもって、学問したならば何の道によらず、確実に大家《たいか》になれると思う。サリヴァン先生のケラーに施《ほどこ》した教育は、まさにこの「遊ぶ学問」を実施したものである。

他《ひと》から強制《きょうせい》されてすることは、何事によらず面白《おもしろ》くなく、自《みずか》ら進んですることは、興味があるのである。その証拠《しょうこ》に、両親が自分の子供に「勉強しろ、勉強しろ」と強制すると、子供は「遊ぼう、遊ぼう」とする。子供に「お前の勉強なのだから、お前の好きなようにしろ」と云《い》って、子供を信じ、子供が自発的《じはってき》に勉強するように導くと、自然に勉強しだすものである。

「勉強しろ、勉強しろ」と子供に強制する親は、吾《わ》が子の成績不良が子供自身の為《た》めにならないというより、むしろ親自身が「子供の成績が悪いと体裁《ていさい》が悪い、外聞《がいぶん》が悪い」という気持を持っている。すると子供は、親の外聞のために勉強を強制されていると云《い》うことになって、自分のために勉強するのではなく、親のために勉強するという気になり、面白くないのである。

成績の良否《りょうひ》は、子供自身の責任として任《まか》し、「お前はきっとよい成績をとる」と子供を親が信頼して始めて、子供は勉強に興味を覚え、自分の勉強となるのである。

或《あ》る日、こんなことがあった。——

髪《かみ》振り乱して、はだしのままで、大声で泣き叫びつつ、中年の婦人が、堤防《ていぼう》の上を走ってゆくのだった。

少しはなれて、同じ年配の婦人が、後《あと》を追って往《ゆ》く。

「どうしたんだ」と堤防の上で休んでいた人々の一人が尋《たず》ねた。

「あの女の人の子供が溺《おぼ》れたのよ」

後《あと》から追いかけている婦人が答えた。

川縁《かわぷち》で釣糸《つりいと》を垂《た》れていた私は、ふと婦人の走ってゆく、堤防の上の方《ほう》へ目をやった。何事もなかったように、真黒《まっくろ》になった子供たちが、あちらでもこちらでも走り廻《まわ》っているその間を、

「オイオイ、オイオイ」と大声で、泣き叫びつつ、さきの婦人は走り続けてゆくのだった。

この婦人だけ、別の世界から来た人間のようである。

ふと、私の頭に一つの連想《れんそう》が走った。――

「女というものは……」

「女というものは……、親というものは……子供の為《ため》には、馬鹿《ばか》にも、気狂《きちが》いにもなれるものなのだ」

こうした年配の婦人が、他《た》の事で、大声で叫びながら、道を走るのだったら、馬鹿か、気狂いとしか云《い》われないであろう。

しかし、子供が死んだ時に、大声で泣いて走っても、別に誰《たれ》も不思議《ふしぎ》と思わない。それは母親の、子供への愛、尊い愛、何にもかえがたい偉大な愛が動いているからだ。又、ふともう一つの連想が、私の頭を走ってゆく。

死んだ子に対して、気狂いになれる母が、その子が生きていた時に、果して気狂いになる程《ほど》の、深い愛情を示していたであろうか。

その子が元気でいた時に、

「お前のような、いたずらっ子は死んでしまえ！」と叱《しか》ったことはないか知ら。

「ああうるさい。こんなに四人も五人も小さいのがいて、私は気が狂いそうだ。子供がいなかったら（子供が死んでしまえば……と同じです）私はどんなに、せいせいするだろう」と思ったことはないか知ら。

自分に都合《つごう》が悪くなると、

「死んじまえ！」と叱ってみたり、思ってみたりする、自分勝手な親でも、いざその子が死んでしまうと、気狂いのようになるのである。

精神科学《せいしんかがく》は教えている。

「外界《がいかい》は、自分の思う通りになる」

「自分の運命は、自分で引き寄せる」と。

それが真実であるとすると子供が死ぬという事も、親が「死ねばよい」と思ったことがあるからだと、いうこともある。

世の親をつかまえて

「貴方《あなた》の子供が、死んだ方《ほう》がよいですか?」と訊《き》いてみると

「とんでもない。私の命にかえても、この子は……」と答えるであろう。

しかし、余《あま》り子供がガヤガヤ騒《さわ》いだり泣いたりするような場合に、

「ふと、ウルサイ。もう子供なんかいらない。死んだ方《ほう》がましだと思うことは、ないですか」と尋《たず》ねると

「あります」と多くの親は答えるのである。

この二つの相反《あいはん》する気持、そこに精神科学《せいしんかがく》の、精神の世界の秘密がある。

ふと思ったこと、時々考えるこの悪い考えは、すぐ忘れたようであるが、人の記憶の世界に入り、重要な役目をなす。これが現実になって現れることが、案外《あんがい》多いのである。

私の知人で、結婚後五人とし子《ご》をうんで、その奥さんが、毎日口癖《くちぐせ》のように「もう、子供はいらない。こんなに沢山《たくさん》いらない」と言っていた。

「奥さん！　そんなことは冗談《じょうだん》にも、言ってはいけません。奥さんのように毎日口癖のように言っていると、現実になって現れて、子供が死にますよ」と、私が二三《にさん》回注意したことがあるが、その奥さんは、私の注意など気にもとめず、相変らず

「こんなに沢山《たくさん》あったら困る。いらない」と毎日言い続けていた。

二、三年たってから、子供が五人一時《いちじ》に病気をして、あわてふためいた奥さんは、気《き》

狂《ちが》いのように、医者よ薬と騒いだが、三人一時に死んでしまい、二人だけ残った。

いつも奥さんが、口癖《くちぐせ》のように言っていたことが、実現したのであるが、奥さんはそんなことは、ケロリと忘れたように、泣き悲しんでいた。

人は自分に偶然《ぐうぜん》、不幸や病気がやってくるかのように言うが、不幸や病気は自分が呼び寄せるので、自分で責任を持つべきものである。

如何《いか》なる不幸、不運でも、自分自身が自分で責任を持ち、処理すべきものであり、他人の同情を求めるような態度をするのは、卑怯《ひきょう》である。

他人の同情を求める心は、人の前に立って食《しょく》を求める乞食《こじき》と同じで、自分自身を引き下げることでこそあれ、自分自身を向上さすことではない。

病人にむかって、

「あなたの病《やまい》は気《き》からですよ！」

と言うと、大概《たいがい》は怒《おこ》り出して

「私のここがこんなに痛いのに……、こんなに熱があるのに……、こんなに咳《せき》が出るのに……等々《とうとう》……」

大変な権幕《けんまく》で、反撃してこられる。

病《やまい》とは肉体的な異常によって惹起《じゃっき》された一現象《いちげんしょう》であって、それには精神的原因は存《そん》在《ざい》しない、と今の日本の一般大衆は考えているし、又これが一応常識となっている。

人間は、万物《ばんぶつ》の霊長《れいちょう》であり、動物と異《こと》なるところは、高度の精神作用《せいしんさよう》を持ち、それに従って、生活するということにある。人間が、精神活動を無視して、動物的な生活を営むならば、人間としての価値はなくなってしまう。

その証拠《しょうこ》に

「あの人は〝ひとでなし〟だ」

という悪口は、相手を最も侮辱《ぶじょく》したことになる。「お前は人でなしだ」と云《い》うことは「お前は動物だ」と云《い》うことになるからである。

このように、動物扱いを嫌う人間が、医者の前へくると、自分が動物であることのみを主張する。

「あなたの病《やまい》は、気《き》からですよ！」

と言われると、憤慨《ふんがい》する病人は、病《やまい》に対して全然精神作用《せいしんさよう》を無視した人間、即《すなわち》動物的人間であることを医者に主張するのである。

聴診器《ちょうしんき》で心臓や肺の音を聞いたり、レントゲンで骨を透《すか》して見たりすることは、人間の動物的肉体への検査であって、こんなことをすることだけが医者の仕事であるなら、獣医《じゅうい》も人間の医者も変りはない。

肉体的な病変《びょうへん》を検査すると同時に、その病《やまい》をきたしている精神的苦悩《せいしんてきくのう》を知り、肉体と精神と共に病変を除去《じょきょ》して、始めて人間の医者としての価値がある。

人間である以上、精神面を除外して、その人を考えることは、およそ無意味なことである。肉体病《や》むが故《ゆえ》に精神病むか、精神病むが故《ゆえ》に肉体病むか、それは今後の問題として、いずれにしても病《やまい》とは、唯《ただ》単に「肉体的病変《にくたいてきびょうへん》」とのみ考えるのは、実に愚かなことである。

精神的に打ちのめされた人間は、必ず肉体的病変《にくたいてきびょうへん》を来《きた》すのは事実であって、精神と肉体とを分離して人間を考えようとすることそれ自体が、既に矛盾《むじゅん》しているのであるが、病《やまい》に関する限り現在の日本の医学常識《いがくじょうしき》では、精神を無視して病人の治療《ちりょう》に当ることになっている。又むしろ、その方法を科学的であると思っている人が多い。これは、死体解剖《したいかいぼう》を基礎として、発達して来た現代医学の最も大きい欠陥《けっかん》であることは、見逃すことの出来ない事実である。死体は精神の抜殻《ぬけがら》であり、人間の生命が抜け去った残骸《ざんがい》にすぎないのであって、これを解剖して得た知識は、病《やまい》へのある程度の想像の断片《だんぺん》を与えるかも知れないが、躍動《やくどう》する生命体としての人間の全貌《ぜんぼう》を知ることは到底《とうてい》出来ないのである。

動物としての人間ではなく、精神活動を有《ゆう》する人間としての人間を把握《はあく》して、そこに生れる医学こそ、次の時代の医学であり、又理想の医学であらねばならない。

その精神と肉体との関連性《かんれんせい》を、科学的に研究して、病《やまい》そのものを動物としての肉体人間の病変《びょうへん》にのみ止《とど》めず、無形《むけい》の精神にまで深く科学のメスを入れて、今まで「カン」

とか「コツ」と云《い》うような、あやふやな表現で知られている治療法《ちりょうほう》にまで、科学的な裏付《うらづけ》をしてゆく医学こそ精神身体医学《せいしんしんたいいがく》である。

第十二章　生きた宗教

宗教《しゅうきょう》というものを何か堅苦《かたくる》しいもの、面倒《めんどう》くさい儀礼《ぎれい》、窮屈《きゅうくつ》なもの、しかつめらしいものであるかの如《ごと》く思っている人があるかも知れないけれども、これは大変な間違《まちが》いであるのである。宗教というものは楽しむべきものであり、又楽しみ得《う》るものなのである。宗教とは生命の歓喜《かんき》を教えるものであるから宗教を生活に真に生きることができたならば、生活がたのしくなり、宗教が楽しくなるのである。もし何か宗教を信じていてそこへ深い喜びが湧《わ》いて来ないとしたならば、その宗教がまちがっているか、その宗教の信じ方がまちがっているかどちらかなのである。

宗教を自動車にたとえた人がある。その人はいうのである。「その自動車はのり心地《ごこち》がよろしいか、もしのり心地が悪ければ、自動車の状態が悪いか、その操縦《そうじゅう》がへたであるかどちらかである。いい自動車ととりかえて、そのあつかいを適当にすれば、のり心地は満点である。宗教もその通りである。」というのである。

もしあなたの宗教が完全な喜びをあなたに与えないならば、そんな宗教は、がたがたの自動車と同じようにのり捨ててしまって新しい宗教にのりかえればいいのである。宗教の価値も実用主義《じつようしゅぎ》の立場から批判《ひはん》されねばならないのである。極楽《ごくらく》へ行くというのも実用であれば現世《げんせ》に利益《りやく》があるというのも実用である。しかし立派な教《おしえ》であるのに、それを完全に自分が操縦《そうじゅう》することができないからというので、この宗教《しゅうきょう》はまちがっているというのは、立派な自動車であるのに、運転の仕方《しかた》がわからないために、この自動車は故障《こしょう》があって動かないといって捨ててしまうのと同じである。

何故《なぜ》、自分の信じている宗教でお蔭《かげ》がないのか。宗教そのものが悪いのであるか。自分がその宗教の教《おしえ》の組立てをしらず、それを如何《いか》に使用すべきかを知らないがためにお蔭がないのか。その点をよく考えてみなければならないのである。

宗教も自動車と同じように、もっている人ともっていない人とがあるのである。又もっていながら、ただ置いとく人と、それを自由に乗り廻《まわ》す人とがあるのである。

宗教も折角《せっかく》もっている限りはそれを運転して日常生活にのり廻《まわ》すことが必要である。

吾々《われわれ》は富《とみ》をもっている。どんな貧乏人でも多少の富をもっているのである。それを大きくする人と大きくしない人とがあるのである。富を増大する道は、今ある富を最大限に利用してそれを利殖《りしょく》することにあるのである。そのためには富の活用法を勉強しなければならないし、実際に当って色々の場面に面して研究することが必要なのである。

宗教《しゅうきょう》も同じことである。宗教をただもっているというだけでは、自動車のもちぐされと同じことである。「私の宗教は祖先から真宗《しんしゅう》でございます。」或《あるい》は「私の宗教は真《しん》言宗《ごんしゅう》でございます」……等々《とうとう》というけれどもさて真宗とは何ですか真言宗とはどういう生活をするのですかときかれてみると何も知らぬ、ただ祖先がそういう名前の宗教を信じたというのでは、祖先が、こんな古《ふる》自動車を遺産《いさん》に残しておいてくれたけれども使い道がわからないというに等しいのである。

吾々《われわれ》は祖先が残してくれた宗教がどんな宗教であろうとも、よくその構造を検《しら》べて見て役に立つ部分を生かしてそれを実際に活用することができるようにすることが祖先に忠実なのである。

どんな自動車にも必ずエンジンがついているようにどんな宗教にも必ず生きて働く部分があるのである。一ぺんも生きて働いたことのない宗教であるならば、祖先がわざわざ残しておくはずがないのである。一度も運転したことのないエンジンのない自動車なら、そんな自動車は古金屋《ふるがねや》へとっくに払い下げてしまって、現に残っているはずがないのである。それと同じくどんな宗教《しゅうきょう》でも、今迄《まで》残っているような大宗教であるならば、どこかで生きて働いている部分があるはずである。

宗教のエンジンともいうべき、生きて働く部分を「真理」というのである。吾々《われわれ》はどんな宗教にも真理が存在《そんざい》することを信じている。吾々《われわれ》は無暗《むやみ》に今までの宗教を破壊《はかい》しようというのではないのである。どんながたがたの古《ふる》自動車のような宗教でもエンジンを動かすように修理し部分品を近代的なものにとりかえると、かなり乗り心地《ごこち》よく運転さすことができるのである。しかし古い宗教は、古い自動車と同じく全《すべ》ての部分品が悉《ことごと》く良いわけではない。生きて働く部分即ち「真理」だけのこして、古くて役に立たぬ部分は捨てなければならぬ。たとえば西方極楽《さいほうごくらく》の説などは、地球が静止せる平《ひら》たいもので、「西方《さいほう》」と云《い》ったら常に一定の方向だと思っていたところの天文学《てんもんがく》の未発達の時代の学説《がくせつ》であって、地球が自転《じてん》し公転《こうてん》し、時々刻々《じじこっこく》、西方《さいほう》は変化していると云《い》うことが解《わか》った現代では、とんだお伽噺《とぎばなし》に過ぎないのである。だから宗教《しゅうきょう》のこんな部分は廃物《はいぶつ》にして、尽十方《じんじっぽう》悉《ことごと》く無礙《むげ》光如来《こうにょらい》の浄土《じょうど》であると云《い》う真理だけを残してそれを活用しなければならぬ。それを活用して現世《げんせ》に功徳《くどく》を成就《じょうじゅ》しているのが生長《せいちょう》の家《いえ》である。

真理というのは今此処《ここ》が天国浄土《てんごくじょうど》であり、人間には「仏性《ぶっしょう》」即ち「仏の生命《いのち》」が宿っているという事である。神道《しんとう》やキリスト教的にいうならば、人間は「命《ミコト》」であり、神の子であるということである。しかしただ自動車に貼《は》り紙して「この自動車にエンジンあり」と書いておくだけでは何にもならないのである。エンジンがあるとわかったならば、それを実地《じっち》に運転をする工夫《くふう》をするということが必要である。それと同じように人間に「仏の生命《いのち》」が宿っており、「神の生命《いのち》」が宿っているということがわかったなら、仏らしく、又神らしく実際に日常生活に生きることが必要なのである。そこから宗教《しゅうきょう》のおかげというものが現れてくるのである。現世《げんせ》に功徳《くどく》があらわれないで、死んでからだけ救われると云《い》うような宗教は、「この自動車は毀《こわ》れてから走り出す」と云《い》うような矛盾《むじゅん》した話である。毀《こわ》れてから走り出す位《くらい》なら、毀《こわ》れぬ先には一層快適に走り得《う》るはずである。

第十三章　感情の衛生《えいせい》

医学の始祖《しそ》ヒポクラテスは怒《いか》り及び恐怖心《きょうふしん》は血液の中《なか》に毒素《どくそ》を生産するものであるということを最初にいった人であるが、それが現代に於《お》いては臨床上《りんしょうじょう》に実際立証《りっしょう》される時が来たのである。激烈《げきれつ》なる憤怒《ふんぬ》の発作中《ほっさちゅう》に血液の中に生じたる毒素を或《あ》る昆虫《こんちゅう》や、小さな哺乳動物《ほにゅうどうぶつ》に注射すると、時としてそれを斃死《へいし》(註・ゆきだおれて死ぬこと)せしめることが立証されたのである。この毒素は人間に対しても同様に作用するはずである。

『生命《せいめい》の實相《じっそう》』(註・編著者の主著で昭和七年に出版されて以来、二千万部近くが発行されている)の中にあげられた実例に於《お》いては鼠《ねずみ》を数時間棒で追い廻《まわ》して恐怖せしめた為《ため》に斃死《へいし》したる鼠の血液内の毒素の分量は人間を殺す力があると書かれているのである。ある人に於《お》いては一回の憤怒の発作《ほっさ》によってその血圧が六十も上《あが》る事実があるのである。こういう事実から考えて見る時に、恐怖や怒りの感情を常に保っている人達が、高血圧症に罹《かか》ったり、心臓病に罹《かか》ったりすることは不思議《ふしぎ》ではないといわなければならないのである。

ある有名なスコットランドの外科医は「自分の生命は、自分を怒《いか》らす人の掌中《しょうちゅう》にある」と警句《けいく》を吐《は》いたが、ある日ある問題から非常に憤激《ふんげき》した挙句《あげく》、心臓麻痺《しんぞうまひ》の発作《ほっさ》におそわれて自分の警句《けいく》の通りに死んでしまったのである。

コロンビア大学の医学専門部教授のフランダース・ダンバア博士《はくし》は、怒りや恐怖《きょうふ》がたんに心臓病や高血圧病をおこすだけではなく、胃潰瘍《いかいよう》、喘息《ぜんそく》、結核《けっかく》及び糖尿病《とうにょうびょう》をひきおこすと発表しているのである。そして彼はいうのである。もしかかる病気に罹《かか》っているものが心の不調和を増大すると、その症状《しょうじょう》は愈々《いよいよ》益々増大するのであると。又スコットランドのリウマチス専門のある権威者《けんいしゃ》はリウマチスの四十パーセントはその原因が心理学的であると述べているのである。それのみならずフランダース・ダンバア博士は外界から来る不慮《ふりょ》の災難《さいなん》というようなものもその八十パーセントは結局心理学的な原因から起るのであると言ってその実例をあげているのである。

吾々《われわれ》は自分の日常生活における失錯《しっさく》を、よくよく反省してみれば、多くの出来事が悉《ことごと》く自分の心の乱れがうつっている反映であることを発見するのである。私は『人間性の解剖《かいぼう》』（註・昭和二十四年二月に発行され、後、「谷口雅春選集」、「新選谷口雅春選集」に収録）という本の中に、多数の日常生活における失敗が、自分の乱れた心の反映としておこるものであるという実例を多数挙《あ》げて置いたのである。多くの学生は試験前になると病的の発作《ほっさ》におそわれるのである。それは試験を逃避《とうひ》したい感情と、試験に不成績であっても「自分はあの時病気であったのだから仕方《しかた》がない」と弁解《べんかい》し得《う》る口実《こうじつ》を造りたい潜在《せんざい》意識《いしき》の詐術《さじゅつ》から来るのである。

イギリスの大宰相《だいさいしょう》であったグラッドストンは議会に於《お》いて激烈《げきれつ》な論戦《ろんせん》をしなければならない前夜になると、必ず風邪《かぜ》をひいたといわれている。ウィリアム・オスラー卿《きょう》は或《あ》る年医学大会に於《お》いてその同僚《どうりょう》に対して結核患者《けっかくかんじゃ》の予後《よご》は患者の肺臓《はいぞう》の中に何があるかということよりも、彼の頭の中に何があるかということによって決定せられるということをのべたということである。

まことに人体《じんたい》は微妙《びみょう》な精神装置《せいしんそうち》であるのである。会社に於《お》いておもしろくない事件がおこって、いらいらして家に帰ると、折角愛妻《せっかくあいさい》がととのえてくれた珍味佳肴《ちんみかこう》が味のない料理に変化してしまうのである。一つの暗い思想は一つの暗い思想を呼び、又他《た》の憤激《ふんげき》の感情は他《た》の類似《るいじ》の憤激の感情を呼び、眠る時には群《むら》がる悪感情《あくかんじょう》の為《ため》に心の平和が掻《か》き乱《みだ》され、遂《つい》に不眠症《ふみんしょう》や神経衰弱《しんけいすいじゃく》をひきおこすのである。

病気がかくの如《ごと》くして心の中の擾乱《じょうらん》によって生ずるということは、一面からいえば、それは不幸なことであるけれども、しかしながらそれは他面からいえば、人間の肉体は、心の力によって自由になし得《う》るという反証《はんしょう》を現しているのであって、心が肉体に影響を及ぼすということは、逆に、心で健康を支配し得《う》るということを証拠立《しょうこだ》てているのである。吾々《われわれ》が健康になろうと思ったならば、不快なことをできるだけ考えないようにし、完全な姿のみを見るようにし、愛すべきもののみを考えるようにし、人の美点のみを数えるようにし、人の悪口をいうよりも良きことのみを考えるようにしているならば、自《おのず》から血液の中に健康の薬剤《やくざい》を生じ、健康となる外《ほか》はないのである。吾々《われわれ》は余《あま》りにも目前の極《きわ》めて小部分の悪のみをみとめて、それに対して、憂慮《ゆうりょ》し、取越苦労《とりこしくろう》をし、憤《ふん》慨《がい》しているのであるけれども、吾々《われわれ》はもっと心の眼《まなこ》を開いて、広くはるばると神の造りたまえる此《こ》の世界の美しさのみをみるようにしなければならないのである。空の美しさ、飛ぶ鳥の美しさ、その声の美しさ、花の美しさ、数えあげれば自然界だけでも無数の美しきものがみちているのである。人間の中の誰《たれ》かが自分に対して面白《おもしろ》くない感情を抱《いだ》いたからとて、それは大《たい》した問題ではないのである。又相手自身にとってみれば彼自身としては又面白くない感情を抱《いだ》く当然の理《り》があるのである。吾々《われわれ》が腹が立つのは、物の見方が、「自分」という角度に立ってのみ物をみるからであって、広々とした観点《かんてん》を失ってしまった結果に外《ほか》ならないのである。吾々《われわれ》は広々とした心をもって多くの人を赦《ゆる》さなければならないのである。その時吾《われ》らは始めて心の平和を保ち得《え》、人生を楽しく健康に暮し得《う》るのである。

次に吾々《われわれ》の注意しなければならないことは、外から入って来るところの精神的印象《せいしんてきいんしょう》についてである。自分の読んだ記事、ラジオできいた話、友達からきかされた世間話等《とう》は、自分に対して色々の精神的影響《せいしんてきえいきょう》を与えているものなのである。もし吾々《われわれ》が外界の印象から病的なものを、何の警戒《けいかい》するところもなく自分の中《うち》に吸収するならば、それはやがて自分の肉体に、或《あるい》は境遇《きょうぐう》にその悪印象《あくいんしょう》が具象化《ぐしょうか》して来るということは避《さ》けられないのである。

最近アメリカに於《お》いて精神身体医学《せいしんしんたいいがく》がとなえられるようになり、日本の各医大に於《おい》ても、肉体に対する精神的影響が重大視して考えられるようになったということはまことに結構《けっこう》な事である。吾々《われわれ》の肉体は「吾々《われわれ》自身の心の思う通り」の姿であるのである。もし吾々《われわれ》が自《みずか》らすすんで病気を考え、悪を考え、人の欠点を探《さが》し廻《まわ》り、心の中に美しくない姿を描くならば、それは必ず自分の肉体の中に不幸なる姿となって現れて来るのである。これに反して吾々《われわれ》が、よきことのみ、美しきことのみ、健康なることのみ、幸福なることのみを努《つと》めて心に描くようになるならば、その結果は決して空《むな》しくはならないのである。それは自分の健康のみならず自分の境遇《きょうぐう》の上に驚くべきよき変化をもって現れて来るのである。幸福も、不幸も、健康も、病気も、自分の心の造る通りのものである。まことに人間は自分自身の思う通りのものであるのである。

第十四章　致富《ちふう》の原則《げんそく》

富むにも貧しくなるにも原因は心にあります。すべて物質《ぶっしつ》は自分の力で自由に移動するものではなく、その移動する方向を定めるのは人間の心にあるのですから、貧しくなる人は貧しくなるだけのその心があり、富む人は富むだけのその心があるのであります。無闇《むやみ》に欲ばって富む訳《わけ》ではありません。富むためには豊《ゆたか》なる心がなければなりません。豊《ゆたか》なる心のあらわれが富《とみ》なのであります。ケチな心は無闇に出し惜《お》しみをします。出さないだけ物が殖《ふ》えると思うかも知れませんが、出した時にお金の働きが現れて来るのです。一億円もっていても、その内の一円も出さないで電車に乗せてくれと言っても、持っているだけでは乗せてくれません。それなのに欲張《よくば》りは、自分の方《ほう》にお金の入ることばかり考えて「出す」ことの効用《こうよう》を知らないのです。そんなケチなところへはケチな僅《わず》かな金は貯《たま》っても多くの富は集って来ません。そんなところへ過《あやま》って「金《かね》」が行きますとすぐ金庫に入れられる。そして中々《なかなか》出してくれないから「金」だって窮《きゅう》屈《くつ》でたまらない。時たま散歩さしてくれるようなところでないと「金」だってもうこりこりして集って来ないのであります。そんなケチな家で長い間閉《と》じ込められて、或《あ》る機会にその金の出ることがあれば、「もうもうあんなところへ帰ってやるものか」と思います。そして「金《かね》」の仲間に告げて曰《いわ》く、「あそこは吝《けち》ん坊《ぼう》だよ。あんな親方《おやかた》のところへ行くと二度と出してくれないからお前は行くなよ」と云《い》う風《ふう》に、みんなお金の仲間たちに無線電話をかけて、ボイコットをして、とうとうそんな人の懐《ふところ》には帰って来ないようになるのです。

ですから、「金」と云《い》うものは、いつも掴《つか》んでばかりいないで出す時に喜んで出すのが好いのです。「お金さん、ああ遊びに行っていらっしゃい、その代り直《じ》きに帰っていらっしゃい。帰る時には多勢《おおぜい》友達をつれて帰っていらっしゃい。その代りに、今度出るときには又一緒に散歩に出して上げますから」と云《い》う風《ふう》にですね。大事業をやる人は皆《みな》それですね。多勢《おおぜい》一緒に出すと、それが又多額収入となって帰って来るのです。これは「掴《つか》んでいる」ケチな心ではできないことです。お金の出る時にはお金に感謝《かんしゃ》して拝みなさい。これがお金の帰ってくる方法です。大抵《たいてい》の人はお金が這入《はい》って来た「有難《ありがた》い！」と感謝します。ところが払う時には、「又出さなければならぬか。こん畜生《ちくしょう》！」

と言います。そんなに出て行くときに、呶鳴《どな》られたら帰って来る気持になりますまい。帰る時だけ喜んで、出る時に小言《こごと》を言うのではいけません。出る時に「ああ、機嫌《きげん》よく出ていらっしゃい」と思って拝むのですね。そうすると出した金が多勢《おおぜい》の仲間をつれて喜んで循環《じゅんかん》して帰って来ます。

経済世界でも、生理作用《せいりさよう》の世界でも同じことであります。すべてのものは循環運行《じゅんかんうんこう》しているのです。廻《まわ》っていないものは一つもない。停滞《ていたい》したら死であります。出して廻すようにすれば必ずそれは豊《ゆたか》になるのです。百円の金でも一日に百遍《ひゃっぺん》廻って出たり入ったりしたら、一日に合計一万円入って一万円使ったことになるのですね。そういう風《ふう》に廻せば廻すだけそれだけ吾々《われわれ》は豊富になる訳《わけ》です。「出せば出す程殖《ほどふ》える」と云《い》うのは、キリストの教えた「無限供給《むげんきょうきゅう》の黄金律《おうごんりつ》」(谷口雅春《たにぐちまさはる》・谷口清超《たにぐちせいちょう》共著『人間救ひの原理《げんり》』に詳記《しょうき》せらる)であります。しかしながらそう教えられたと云《い》っても無闇《むやみ》に智《ち》慧《え》なしに出すと却《かえ》って戻って来なくなります。智慧も出せば出すほど殖えますが、智慧を出さずに、金だけ出すと減ってしまって駄目《だめ》になります。吾々《われわれ》の子供でも無闇に危いところに出したら、その子供が溺死《できし》したり、或《あるい》はどっかの山で雪崩《なだれ》に打たれて死ぬとか云《い》うことがあるかも分らないでしょう。自分の愛する子を嫁《よめ》にやるときでも、矢張《やは》り間《ま》違《ちがい》のないところをよく調べて出さなくちゃならないのであります。まあどこへでも行って来い、そんな気持で出したらそれは出せば出す程殖《ほどふ》えると云《い》うわけにはゆかないのです。子供を遊びに出すのでも、間違《まちがい》のない健全な遊び場所や神社の祭礼《さいれい》とかに出してやると、その子供がお土産《みやげ》を持って来て「お父さん、有難《ありがと》う、神社の祭《まつり》は面白《おもしろ》かったよ。お父さんこれだけお土産を買って来た」と言って、出してやっただけの金の値打《ねうち》のある品物にまだ「愛情」をつけて帰ってまいります。ですから生長《せいちょう》の家《いえ》で「出せば出す程殖《ほどふ》える」と教えられたと云《い》っても、智慧《ちえ》も出さず、愛も出さず、金だけ出して、相手かまわず、泥《どぶ》川に捨てるように出したらちっとも返って来ません。と云《い》うのは、これは出しようが間違《まちが》っているからです。

それは自分の子供の如《ごと》く、愛して出さなかったからです。愛のない処《ところ》へは、ものは集って来ないのであります。無頓着《むとんじゃく》に放漫《ほうまん》に出し放題《ほうだい》にして置いたら返って来るだろうと思っても、そう云《い》う訳《わけ》にはいかないのです。出す時に拝《おが》むと云《い》うのは、愛情が籠《こも》っていることです。行届《ゆきとど》いた愛情が籠っていなければいけないのですね。拝むと云《い》うのは、形だけ合掌《がっしょう》して、有難《ありがと》うと云《い》うことだけではないのであって心が行届《ゆきとど》いて愛していることです。ですから「紙一枚でも拝みなさい」と言うと、紙一枚に向って、こうして掌《て》を合わすだけではないのです。掌《て》ばかり合わせておってもちっとも殖《ふ》えはしないのです。紙は、如何《いか》に天地の恵みを受けて育って来た木材が、この紙になるまでに人間の生命と時間とがどれだけ捧《ささ》げられたか、それを知って、それを拝むようになり、それだけ天地の恵みが注《そそ》がれ人間の生命が捧《ささ》げられたものであるから、出来るだけ活《い》かして使いましょうと云《い》う心が拝む心ですね。そうするとそれは必ず殖《ふ》えて帰って来ると云《い》うことになる訳《わけ》なんです。

手紙を出す時でも、一枚の手紙の書方《かきかた》でも十万円でも百万円でも廻《まわ》って来ないとも限らないのですね。これも矢張《やは》り「拝む」心からやって来ます。もっとも手の中にその出す手紙を挟《はさ》んで本当に拝む、相手を愛する心を起して、「此《こ》の手紙があの人の手に這入《はい》りましたならば、あの人が本当に幸福になって喜べますように」と云《い》うような気持を罩《こ》めてその手紙を書いて差出《さしだ》したら、その手紙を受け取った人は心を打たれるのであります。あの人の為《ため》ならどんなことでも尽して上げようと云《い》う心が起って来ないとも限らないのです。そう云《い》う手紙を何時《いつ》も書いておったら、そうするとすべての人がそう云《い》う人に好感を持って来てみんなが押し上げてくれて、自分の職業も順潮《じゅんちょう》に行くようになり、その一本の手紙が結局は何十万円にもなって帰って来ると云《い》うことになる訳《わけ》です。

そう云《い》う風《ふう》に入って来る時よりも、出す時が大切であります。イエス・キリストも仰《おっ》しゃったように、『口に入《い》るもの汝《なんじ》を汚《けが》さず、口より出ずる言葉汝《なんじ》を汚す』と仰《おっ》しゃったのですね。普通は食べ物は毒になるとか、入れるものを大切に考えるのですけれども、入れるものよりももう一つ大切なものは出すものなんですね。出し方があるのです。入れるものは壺《つぼ》に入れて縁《えん》の下《した》にでも入れて置いたらそしたら殖《ふ》えるかと思っても別に殖えはしないのであります。ものは入れて置くばかりでは決して殖えはしないのです。出したときに殖えるのであります。ですから入れ方よりも出し方が大切です。出す時には面倒臭《めんどうくさ》い、或《あるい》は損《そん》するような気持がして、出す時には「拝《おが》んでいない心」です。そういう気持ではいけないのです。言葉でも出す時が大切です。深切《しんせつ》な言葉、軟《やわら》かい言葉、人に喜ばれる言葉、そう云《い》う言葉を出すと無限の価値を産んで又帰って来るのであります。そして又それを拝む心で出しますと無限によきものが循環《じゅんかん》して帰って来ることになるのであります。「出せば出すほど殖《ふ》える無限供給《むげんきょうきゅう》の黄金律《おうごんりつ》」について尚詳《なおくわ》しいことは、「人生の鍵《かぎ》シリーズ」1『無限供給の鍵』(註・平成二十一年六月、光明思想社より発行)をお読み下さい。

第十五章　環境《かんきょう》の改善《かいぜん》

Ａ氏夫妻《ふさい》はそこに四年間住んでいたが、その家の持主《もちぬし》である母親がやって来て、「現在自分の息子はまだ現地に残っているのですが、近い中《うち》に帰還《きかん》する事になっていますからその時には、その息子家族の為《ため》にこの家をあけて頂きたい」というのであった。

Ａ氏夫人は光明思想《こうみょうしそう》の信者であったので早速神想観《さっそくしんそうかん》を始めたのである。そして現在住んでいる家を立ち退《の》かなければならない時が来たならば、必ず適当な家が見つかるのであり、その移転も必ず滑《なめ》らかに幸福に行われるに違《ちが》いないということを思念《しねん》した。彼女は今までは借家《しゃくや》であったが、今度住む家は自分の「持ち家」にしたいものだと考えていた。というのはＡの家では「吾《わ》が家《や》の資金」という名前で特別の貯金をしていて、それを使って、月賦払《げっぷばら》いの住宅であるならば、最初の購入金《こうにゅうきん》を支払うことができる程《ほど》の額《がく》がその頃もうたまっていたのであった。もし今いる家に尚《なお》長くいることができるならば、最初の購入資金を沢山《たくさん》払い得《う》るので、その後《のち》の月賦金額は極《ご》く僅《わず》かですむことになっていたのである。Ａ夫人は、入ってくる金、出て行く金を悉《ことごと》く祝福してそれにお礼をいって受け取ったり出すようにしていたのであった。

ところが突如《とつじょ》として予想が裏切られることとなったのである。夫のAが重大な病気にかかって二年間も入院しなければならないことになったのであった。そして二度も手術を受けたのであるが、最後の手術は胸廓成形術《きょうかくせいけいじゅつ》（註・結核を治療するための手術）というようなものであった。夫は病気のために収入は得られないし、それらの入費《にゅうひ》のために、折角《せっかく》の「吾《わ》が家《や》の資金」も空《むな》しく雪のとけるように消えてしまったのである。こうなった時、もし家主《やぬし》が家を約束通りあけてもらいたいといって来たならばどうしたものだろうと、それがはげしくA夫人には恐怖《きょうふ》になって来たのである。彼女は一所懸命神想観《いっしょけんめいしんそうかん》をして万事が都合がよく行くように祈ったのであった。

胸廓成形術《きょうかくせいけいじゅつ》を終って、やや快方におもむいた夫を病院から退院せしめたちょうど四日目のことであった。一人の若い男がその家を訪問して来たのであった。彼は家主の息子であって、実は、もうしばらく前から内地《ないち》に帰っていたのであったが、Aの入院のことや長い病気のことを知っていて今日《きょう》まで訪問することを遠慮《えんりょ》していたというのである。病人を追い立てるようなことをしたくないと思って自分の妻と赤ん坊とを住まわせる部屋《へや》を求めて到《いた》る処《ところ》探《さが》し求めたけれども、どこにもそういう部屋は見つからないので、止むを得ず、今は小さい三室ある家に妻の親類の人達の数家族と同居生活しているのであるが、それが幾《いく》家族も同居しているのであって、その中《うち》の一人は夜内職をするのであった。その物音で夜は眠れないし、昼は赤ん坊が泣くので又眠れない。そのため赤ん坊の母たる家内はヒステリカルに神経質《しんけいしつ》になって、それがまた赤ん坊に反映してますます赤ん坊は泣き叫ぶという始末《しまつ》である。

「全《まった》くやりきれない始末です。僕はあなたを追い出したくはないのです。しかし僕自身がやりきれないのです」とその若い男は言うのであった。

そこでA夫人は相手の申し入れを気の毒に思って、何とか行くべき場所を速《すみや》かに見つけてこの家をあけましょうと約束したのであった。青年はそれに感謝《かんしゃ》して丁寧《ていねい》に会釈《えしゃく》をして帰って行った。

何とか速《すみや》かにこの家をあけましょうとはいったものの、相手が帰って行った後《あと》で、さてどこへ行きましょうかと考えてみると、行くべき場所がないのである。今は当り前の時節《じせつ》ではないのである。どこへ移転して行くにしても驚くべき多額の権利金《けんりきん》を支払わなければならない。しかもすべての貯金は使い果しているし、医者の診断によると、夫は尚《なお》数ヶ月は安静《あんせい》にしていて、働きに出たりしてはならないというのである。ともかく今しばらく夫が回復するまで現在の安い家賃《やちん》の家にいることができれば、何とか生活をつないで行くことができるであろうが、移転すればきっと家賃も現在のような安さでは与えられないのである。そのうえ、問題が複雑になるのは、A夫人が可愛《かわい》い一匹の犬を飼《か》っていたことである。その犬は幼いときから自分の手で育てて十年も一緒に生活しているのである。今住んでいる一戸建《いっこだ》ての家を立ち退《の》いて、どこか間借《まが》りでもすることになると、この犬を連れて行くわけにゆかない。その犬に対してA夫人にとってはたまらない愛着《あいじゃく》を感ずるのであった。

A夫人は何しろ「天地一切のものに和解《わかい》せよ」と云《い》う教えを受けているので、自分に対して立《た》ち退《の》きを要求している家主に対して何ら不快の念も敵意《てきい》ももっていないのである。むしろできるならば早くこの家をあけてやりたいと思うのであった。普通ならば夫の病気を口実《こうじつ》にして立ちのきを拒《こば》むことはできたのであったが、彼女はそうしたいとは思わないで、A夫人は現に病気をしている夫を、実相《じっそう》に於《お》いては「健康なる夫」として観《み》ようと努力しているのであった。何よりも大切なのはこういう場合に実相の方《ほう》へ振り向くこと、そしてそこから出てくる神の智慧《ちえ》の導きに従って行動するということであった。

A夫人は瞑目《めいもく》して心を静めて、神想観《しんそうかん》して次のように念じた。

「神はすべてである。神はすべての力をもち給《たま》う。自分は神の子である。神は神の子たるすべての人に必ず適当な住居《すまい》を与えておられるのである。だから必ず自分にも適当な住居《すまい》があるのである。神は神の子が楽しく幸福に生活するに耐《た》えるだけの適当な場所を与えておられるのである」

ここまで念じて来た時に彼女は自分の欲する家を自分の目の前に思い浮べた。その自分の周囲に小さい自分の子供が遊んでいる光景を思い浮べ、そして母たる自分が家事《かじ》に忙しく、しかし愉快《ゆかい》に立ち働いている、そして父親たる夫が一日の仕事を終えて、帰って来てにこやかにほほえんでいる。そしてそこに犬もいる――そういう光景を瞼《まぶた》の中《なか》にはっきりと描いて、「すでにこれが成就《じょうじゅ》している」と強く念じて深い確信が平和な喜びの感情と共に湧《わ》き起るようにしてその神想観《しんそうかん》を終ったのであった。

A夫人はこういう神想観《しんそうかん》を毎日行っていたが、二ヶ月間というものは何ら結果が現れなかった、ところが二ヶ月余《あま》り経《た》ったある日やや遠い海岸の町に住んでいる自分の妹に電話をかけたいという考えが起ったのである。電話をかけると妹夫婦は、ちょうどこれから二ヶ月間旅行に出かけようとするところで、その留守《るす》の間是非《ぜひ》ここへ来て留守番《るすばん》をして下さいということになったのである。妹夫婦はAの家族が来てくれる事をとても喜んでくれたので、二ヶ月後に妹夫婦が帰って来た時にどこへ行くかというあてがなかったけれども、今いる家を持主《もちぬし》に返して、家具類は知り合いの家にあずけ、ともかく二ヶ月間妹夫婦の家に同居することにしたのであった。

その二ヶ月が終ると、Aの家族は結局又引越《ひっこ》さねばならないことになった。今度引越した家は健康な活発な子供達が沢山《たくさん》いる友達の家に引越したのであった。そこへ犬を連れて行ったものであるから、犬と子供の間に色々の面倒《めんどう》な問題が起るのであった。そして時々大人《おとな》がその中へわりこんで何とか調停《ちょうてい》しなければならないような問題も起るのであった。Ａの家族は今迄《いままで》静かな環境《かんきょう》に住んでいたので、子供達の喧噪《けんそう》の中に住むのは、それに調和する迄《まで》は中々《なかなか》大変な問題であった。隣人《りんじん》にわずらわされない自分だけの生活をしていた時分には、したい放題《ほうだい》、いいたい放題しておればよかったのであるが、こうして多勢《おおぜい》の人達と同居することになってみると、まず何事かをいったり行《おこな》ったりするまでに、それを言っていいか、していいか熟慮《じゅくりょ》しなければならなかった。彼女にとってはそれが大変魂の磨《みが》きになるのであった。どんな環境《かんきょう》も決して無駄《むだ》ではないのであって、そういう環境に恵まれたという事はA夫人にとっては、自分の魂を磨いて下さるための神さまの愛深きおはからいであると感謝《かんしゃ》することができたのであった。その上子供というものは将来の大人《おとな》であって、その幼き心の中に印象《いんしょう》せられたる観念《かんねん》は彼らが成人した後《のち》の行動に大《おお》いなる影響を与えるものであるから、それを如何《いか》にあつかうかということについて、彼女は大いに自分自身の魂の訓練になるのであったし、光明思想《こうみょうしそう》の素養《そよう》のあった彼女はたしかにその子供達に好影響を与え得たに相違《そうい》なかった。

次に移転した所は、病人の友人の住んでいる家の一室であった。その病人を看護《かんご》するという条件付きでその家に同居させてもらうことになったのである。A夫人は一日二十四時間病人に対して看護の仕事をしなければならなかったし、良人《おっと》も彼女も自分だけの部屋《へや》というものは一つもなかったのである。しかしA夫人はできるだけその生活を幸福にしようと務《つと》めた。それは寸暇《すんか》を得て光明思想《こうみょうしそう》の本をよむことであった。

やがて、夫の健康も回復してある所へ勤《つと》めることができることになった時、ちょうどA夫人が看護していた病人も回復したので、最早そこにいる必要がなくなったのと、夫が仕事から帰って来た後《のち》休息の場所が要《い》るというので、他《た》の部屋《へや》を求めねばならなかった。次の家もまた不調和で充満している家であった。その精神的紛糾《せいしんてきふんきゅう》から逃れるために如何《いか》にすべきかというのを知るのがその次のA夫人にとっての重大な魂の課題であったのである。どこへ行っても問題はある。もしその問題をとりあげて、欠点や不足についてぶつぶついうならば、結局その問題の俘虜《ふりょ》になってしまうのであって、そのような問題の俘虜《ふりょ》にならないように修養《しゅうよう》するのは、そのような環境《かんきょう》を与えてもらったからこそできるのであって、こう気がついた時にA夫人は、転々として住居を変化しなければならないことを、神さまが色々の魂の学校へ入学させて下さることだと思い直して感謝《かんしゃ》するようにつとめたのであった。

もし吾々《われわれ》が欠点を拾《ひろ》い上げてそれを問題にする心があるならば、欠点はいくらでも自分の目の前に現れて来て自分の魂を掻《か》き乱《みだ》すより仕方《しかた》がないのである。それは「類《るい》は類《るい》を呼ぶ」の法則によってそうならずにはおられないのである。それはどこに吾々《われわれ》が生活していようと、誰《たれ》と生活していようと如何《いか》なる仕事をしていようと、結局は「類は類を呼ぶ」ことになるのである。自分の目の前に何か不完全なことが現れて来るのは、結局自分自身の中にそれと同じものがあるからである。もし吾々《われわれ》が豊《ゆたか》な、調和せる、楽しい生活を欲するならば不完全を見ない心にならなければならないのである。不完全を一つ一つ見つけてそれをとりあげている限りは、その不完全はいくら捨てても捨ててもまだ新しいものがでてくるのである。

もし吾々《われわれ》が他《た》をさばき、他《た》に憤激《ふんげき》し、他《た》を誤解して悪く考えることがあるようでは吾々《われわれ》の住んでいる環境《かんきょう》はますます紛糾《ふんきゅう》するばかりである。なぜならその人の心は天地一切のものと和解《わかい》していず、批評や憤激や誤解等《とう》によって、あらゆる人とあらゆる事物とに対立的な関係に立つからである。そして何かこの世の中に自分に害を与える不調和な存在《そんざい》があるのだという信念をますます強めることになって、その信念の反映として不調和の現象《げんしょう》はいよいよますます吾々《われわれ》の周囲に現れて来るのである。

これを避《さ》けるためには、吾々《われわれ》は真理を知らなければならない。ただこの世界には神と神の子のみとが存在する、という真理を知る時吾々《われわれ》はあらゆる人々の中に観世音菩薩《かんぜおんぼさつ》の示現《じげん》を見、あらゆる環境に神の恩寵《おんちょう》を見ることができるのである。この心境《しんきょう》に立到《たちいた》った時に於《お》いてのみ、吾々《われわれ》はあらゆる人と事物と環境とに対してしばられないところの完全なる自由を獲得《かくとく》することができるのである。

クリスチャンはこれを「愛」といい、仏者《ぶっしゃ》はこれを「慈悲《じひ》」という。愛と慈悲のみが自分自身を完全なる自由にまで解放することができるのである。愛とか慈悲とか必ずしもセンチメンタルに人の欠点に同情することではないのである。それは欠点に気がつかないで、ただ美点のみを見る事ができる心である。悪をどうこうするのではなくして、「悪を見ない」のである。不完全なものは自分の前に現れたと見える瞬間、それを心から追放する事である。その「悪想念《あくそうねん》」に立ちのきを命ずることなのである。

A夫人は数回の引っ越しをする面倒《めんどう》な生活体験の中に色々の教訓を得たのであった。多くの人々と同室して生活するということは、中々容易《ようい》なことではないのである。そこに色々の生活の様式の相異《そうい》や、性格の相異や、習慣の相異や、口やかましい人や、さわぐ子供や……色々調和しがたき多くのものが存在《そんざい》するのである。しかしそのような環《かん》境《きょう》に於《お》いても悪を見ず欠点を見ず自分の平和をかき乱されないような心境《しんきょう》になり得てこそ始めて吾々《われわれ》の魂が磨《みが》かれたということができるのである。同居させてもらう人も大変であるが、同居させて下さる人がそのためにどれだけの犠牲《ぎせい》を払っているか、どんな不便や窮屈《きゅうくつ》さや混雑《こんざつ》をしのびながらいられるかということを想像して感謝《かんしゃ》するということも必要なことであり、そのような方面からもお互《たがい》の魂の磨《みが》きがかけられるのである。終戦後の困難《こんなん》な住宅問題の中《うち》にもありがたい神さまの恵みが働いていることに感謝《かんしゃ》しなければならないのである。

A夫人はこんなことを想《おも》いだした時、「神は神の子たるすべての人に対し適当な住居を与え給《たま》うているのである」という自分の思念《しねん》した言葉が新しい意味をもって自分の前に現れて来たことを知った。この転々としてうつり変る住居の中《うち》に、神が自分にとってその魂をみがくためにもっとも適当であるとして恵み給《たま》うた住居があったのだということを感じたのである。人生は永遠に吾々《われわれ》に新しい訓練と新しい体験と新しい機会とを与えられるのである。吾々《われわれ》はそれに感謝しなければならないのである。さわがしい環境《かんきょう》はそこでなければならない体験と教訓とを与えてくれたし、窮屈《きゅうくつ》な環境はそこでなければ得《う》ることができない新しい教訓と体験とを与えられたのである。あらゆる環境は結局人生勉強の各々《おのおの》の連続的過程《れんぞくてきかてい》であったのである。そしてその環境の何処《どこ》にも神の恩寵《おんちょう》を見、そこに現れるすべての人々に観世音菩薩《かんぜおんぼさつ》の示現《じげん》を見る練習であったのである。

と同時にA夫人がそういう環境に行くということはA夫人自身の魂の磨《みが》きの過程であるばかりでなく、その環境《かんきょう》に於《お》ける人々にA夫人もまた何ものかを与えていたのであって、彼女が何かを与えなければならぬという使命のある所に彼女はひきまわされていたということができるのである。変化する多くの環境に於《お》いてA夫人は時々いらいらしたり、人をさばいたり、自己憐愍《じこれんびん》の感情にとらわれたりしたことがあったが直《ただ》ちにそれを拭《ふ》き消して、柔和《にゅうわ》と深切《しんせつ》とを以《もっ》てよく和解《わかい》することに努《つと》めることができたのである。しかもそれが神のおひきまわしであったということは神が祈りに答え給《たま》うてそんな複雑な環境にいながらも、いつも彼女の愛犬すら放さずにいることが出来たという不思《ふし》議《ぎ》さである。

今ではA夫人は幸福な静かな環境に楽しい生活を送っていられるのである。そこで彼女は夫と一緒に新しい「吾《わ》が家《や》の資金」を再び徐々《じょじょ》に積み立てつつあるということであって、今度は本当に自分の幸福な家ができると喜んでいられるのである。

A夫人は結局転々として家の追い立てを食《く》ったことによって、自分の魂の中に、如何《いか》なる環境《かんきょう》に於《お》いても、暗黒な想念感情《そうねんかんじょう》を追い立てることが必要だということを練習せしめられたことになったのである。どんな瞬間《しゅんかん》にも必ず逐《お》いださなければならないような問題が心の世界に起ってくるのであって、それを間断《かんだん》なく逐《お》いだしてその代りに明るい光明《こうみょう》と感謝《かんしゃ》の来客を迎えることを練習しなければならないのである。彼女はどんな暗い感情が入って来た時にも、「さあどうぞおたちのき下さい」とその暗い感情にいうことにしたのであった。

結局A夫人の住所の移動はある人、ある所、ある事物について彼女の魂を訓練するというよりも、もっと重大なる法則「類《るい》は類《るい》を呼ぶ」という法則を如何《いか》に生活に応用するかということに大《おお》いに教えられるところがあったのである。如何《いか》なる環境《かんきょう》に於《お》いても如何《いか》なる人に於《お》いても、善意と深切《しんせつ》と理解と奉仕の精神は常に相手からそのようなものをひきだすことができて、A夫人は常にその住居を変る毎《ごと》に人々からしたわれながら変ったのであった。こうしてA夫人の魂は物質的《ぶっしつてき》な住居から立ちのきを命ぜられる毎《ごと》により高き心境《しんきょう》の世界に移転する事ができたのであって、このA夫人と同じように多くの人達の住宅問題も結局は魂の向上という点からみる時、それは感謝《かんしゃ》すべきものとなるのである。

第十六章　天国浄土《てんごくじょうど》の顕現《けんげん》

人生の幸福の秘訣《ひけつ》はどこにあろうか。人生を幸福にする秘訣は天地一切《てんちいっさい》のものと和解《わかい》することにあるのである。和解こそ生命を生かすものであり、闘争《とうそう》と軋轢《あつれき》とは生命を殺すものである。天国と地獄との相異《そうい》は結局和解と軋轢《あつれき》との相異であるということができるのである。軋轢《あつれき》のある所そこに必ず地獄を生ずるのであって、和解ある所にのみ天国は生ずるのである。

地獄とは結局和解なき所に生じた行きづまりであって、結局方向転換《ほうこうてんかん》せざるを得なくなるための過程であるということができるのである。

では、何に和解し、誰《たれ》に和解すべきであろうか。

和解は、誰《たれ》に又は何に和解するかの問題ではないのである。それは自分自身の問題であるのである。天国も地獄も外にあるのではなくして、自分の中にあるのである。自分がどの程度まで無我《むが》になり得《う》るかによって、その人の環境《かんきょう》にどの程度の極楽《ごくらく》を生じ、どの程度の地獄を生ずるかの差別を生ずるのである。

和解が、外の世界にあるように思っている限りは決して、その人は和解し得ないのであって、自分が完全に「無我《むが》」になった時にのみ、我々は天地一切のものに和解《わかい》する事ができるのである。

ある人はいう、自分は始終《しじゅう》外界のあらゆるものに和解せんと努《つと》めて来たが、それでも決して幸福は得られなかったと。又ある人はいう、自分は他《た》の人の希望にどんな場合にもすなおに和解してそれを入《い》れるように努めて来たけれども、しかし決して幸福は得られなかったと。

これに対して私は答えよう。もしそれがあなたの体験であるならば、あなたは本当にまだ和解していなかったのである。七つの灯台《とうだい》の点灯者《てんとうしゃ》の神示《しんじ》（註・編著者に天降った三十三の神示の総称）にも「こらえあっているのでは本当の和解は成立せぬ」（註・「大調和の神示」）と示されているのである。喜んで自己の心を無我《むが》であらしめるのでなければ、本当の和解ではないのである。他《た》の人から強いられて止むを得ずこらえこらえ、それに従って争わないだけでは和解ではないのである。争いを避《さ》けんがために自分の意見を主張しないというだけでは決して和解ということはできないのである。自分の意志に反して他《た》の人のいう通りに素直に従いさえすれば、和解《わかい》だというようなそんな生《なま》やさしいものでは「真の和解」はないのである。

和解とは無我《むが》になることである。自分の希望がないのである。自分と他《ひと》とが相対立《あいたいりつ》して厳存《げんそん》している限りはそこに対立抗争《たいりつこうそう》が生ずる外《ほか》はないのである。かくの如《ごと》き心境《しんきょう》に於《お》いていくら和解に努《つと》めてみたところが自分の環境《かんきょう》を地獄から天国に変《へん》ずることはできないのである。

真の天国は「自分がなくなる」ところから生ずるのである。自分がなくなり、ただ仏《ぶっ》性《しょう》のみが現れるのである。自分と仏性《ぶっしょう》とが対立しているのでは駄目《だめ》である。仏性《ぶっしょう》と「自分」とが対立していてその間に紙一枚でも存在《そんざい》するようなことでは、真の天国も心の平和も来るものではないのである。その紙一枚が消滅してしまって、「自分」というものが零《ゼロ》とか仏性《ぶっしょう》そのものになってしまった時にのみ、仏《ほとけ》の世界がそこに実現し、天国浄《てんごくじょう》土《ど》がそこに現れて来るのである。

仏性《ぶっしょう》が現れる所にのみ天国があり浄土《じょうど》がある。天国といい浄土というのは、結局仏《ぶっ》性《しょう》の空間的展開《くうかんてきてんかい》であって方角を指しての「西方《さいほう》」などではないのである。

仏教でいう「仏性《ぶっしょう》」を、キリスト教では「内に宿るキリスト」というのである。だからイエスは『天国は汝《なんじ》の内にあり』といったのである。イエスは又『吾汝《われなんじ》らに吾《わ》が平和を与う』といったのは、結局『吾《われ》行きて汝《なんじ》に来たるなり』ということに照合《しょうごう》してみるとき「キリストの霊」が人の中に宿ってそこに吾々《われわれ》の真の平和が得られるということを教えたのである。この「キリストの霊」こそが我々の中に宿るところの仏性《ぶっしょう》である。

仏性《ぶっしょう》の発現《はつげん》する所に天国は顕現《けんげん》し、浄土《じょうど》は湧出《ゆうしゅつ》する。しからば、仏性《ぶっしょう》が発現せんがためには如何《いか》にすべきであろうか。それは「ニセモノの自分」がなくなることである。即ち無我《むが》になることによってである。

キリストが磔《はりつけ》になった時、盗賊《とうぞく》のバラバが、キリストに対して「汝《なんじ》が天国に行く時、吾《われ》を覚え給《たま》え」といった。その時、キリストは『今日《きょう》、汝《なんじ》は吾《われ》と共に天国にあらん』と答えたということである。これは盗賊のキリストに対しての無条件降服《むじょうけんこうふく》を示すものである。キリストに無我《むが》になって無条件に降服した時、そこに始めて天国浄土《てんごくじょうど》が開かれるのである。自己に宿る仏性《ぶっしょう》の前に無条件に降服せずして、我《わ》が物顔《ものがお》してのさばっているところの「ニセモノの自分」は畢竟《ひっきょう》「真の我《われ》」を僭称《せんしょう》するところの盗賊であるのである。盗賊が我物顔《わがものがお》して自己自身を占領している限りに於《お》いては、決して平和も幸福も来たらないのである。「ニセモノの自分」がいくら我慢《がまん》して忍従《にんじゅう》や和解《わかい》を装《よそお》ってみたところが、そんな所からは決して真の天国も真の浄土《じょうど》も生れるものではないのである。

自己に宿るキリスト、又は仏性《ぶっしょう》が現れない限りは、何人《なんぴと》も、如何《いか》に努力しようとも自分の環境《かんきょう》に天国浄土《てんごくじょうど》が現れようがないのである。ある人はあらゆる方法を尽して自己の周囲に平和なる天国的環境を作ろうとする。しかし彼は失敗するのである。彼は神の国を、ここに求め彼処《かしこ》に求める。しかしイエスのいったように「神の国はここに見よ彼処《かしこ》に見よというが如《ごと》くには存在《そんざい》しない」のである。彼は色々の宗教を追求して巡礼《じゅんれい》する。彼はできるだけのことをやってみる。しかし天国も浄土《じょうど》も決して出て来ないのである。彼は断食《だんじき》したり水行《すいぎょう》したりしてみるけれども彼の心の中《うち》には、罪の悩みは消えないのである。彼は悩み苦しむ。しかしその悩み苦しみからは何もよき結果は出て来ないのである。彼はただこらえて苦行《くぎょう》をしているだけである。「そのまま受ける」の「そのまま」がないのである。争いながら、戦いながら、抗《こう》しながら、こらえこらえて苦しみを受けているのである。かくの如《ごと》き状態では仏性《ぶっしょう》は決して現れて来ないのである。苦行《くぎょう》を重ね、苦闘《くとう》を重ねる毎《ごと》に一層強くなるのは、「自我《じが》」であり、「自我愛《じがあい》」である。この種の苦行《くぎょう》は結局仏性《ぶっしょう》を覆《おお》うていたところの「ニセモノの自我」を鍛錬《たんれん》するだけであって、「自我《じが》」がなくなるのではないのである。

もし我等《われら》が人生の経験に於《お》いて色々の苦しみを受けながら、受難《じゅなん》を超え、苦闘《くとう》を閲《けみ》しながら、何ら心境《しんきょう》に天国浄土《てんごくじょうど》の状態を招来《しょうらい》する事ができないならば、それは結局今迄《いままで》戦って来たのは自我で闘って来たにすぎないのであって、自己の内にある仏性《ぶっしょう》を、キリストを出して来なかったからである。忍耐《にんたい》や忍従《にんじゅう》では決して仏性《ぶっしょう》は現れて来ないのである。忍耐し忍従するところの「自分」というものがなくならない限り、仏性《ぶっしょう》は現れて来ないのである。それまでの苦しみは結局「自我」を守るための苦しみであり戦いであったのであるから、「内に宿るキリスト」の現れようがないのである。「自我」を守ったり、「自分」がよくなる事を願ったりするための「いやいやながら従う忍従《にんじゅう》」では結局自我《じが》が消滅していないのであるから、天国浄土《てんごくじょうど》の源泉《げんせん》である仏性《ぶっしょう》又は「内在《ないざい》のキリスト」の生れて来《き》ようはないのである。

個別的自我《こべつてきじが》は結局迷妄《めいもう》であり、それをのさばらしたり守ったりしている間は決して真の心の幸福、心の平和は得られないのである。個々別々に対立せる自我は結局、対立者であるが故《ゆえ》に、個々別々に行動せんとし必ず衝突《しょうとつ》を生じ争いを生ずるものなのである。自我は決して「全体の生命」(神)の定めたる法則に従おうとしないのである。従ってかくの如《ごと》き自我をどこどこまでも肯定《こうてい》しようとする限り、摩擦《まさつ》を生じ抵抗を生じ、天国浄土を現出《げんしゅつ》することはできないのである。ここに今天国浄土を実現せんとするには、キリストが自分の内に再臨《さいりん》して来て自分を完全に占領し、自分がこのキリストの前に無《む》条件降服《じょうけんこうふく》する外《ほか》はないのである。

個々別々の自我が対立して、各々《おのおの》思い思いの行動をとっている限り、ストーブは勝手に燃え、我々の指先は勝手に動いてストーブに衝突《しょうとつ》し、そこに火傷《やけど》を生ずる外《ほか》道はないのである。かくの如《ごと》く愚かなる摩擦衝突《まさつしょうとつ》をさけるためには、ストーブと指先とが別々の存在《そんざい》として別行動をとることを止《や》めて、ストーブをしてストーブたらしめ、人間をして人間たらしめているところの「唯《ただ》一つの法則」(神)に無条件降服《むじょうけんこうふく》してその法則に無我《むが》になって従わなければならないのである。

宇宙は唯《ただ》一つの生命によって支配されているのである。宇宙全体が唯一つの生命であって、ばらばらの個生命《こせいめい》ではないのである。それは恰《あたか》も、四百兆の細胞がばらばらに存在《そんざい》するかの如《ごと》く見えても、実は各々《おのおの》の細胞がばらばらに行動しているのではなく、唯一つの生命の意志に喜んで従って何ら摩擦《まさつ》や抗争《こうそう》がないときに、人間が真に幸福な健康感が得られると同じように、我々も複数の自我《じが》が数多く分れているかの如《ごと》く見えながらも、実は自分の「自我」を持たず、全体の「大《おお》いなる自我」に支配され喜んで、自我を無条件降服せしめた時にのみ、人間が真の平和と幸福とを見出《みいだ》し得《う》るのである。

そのまますなおに他《ひと》の要求に対して無条件に従おうとも、もしそれが「苦痛をのがれる最良の方法」として考えられて行われたり、その方《ほう》が何か得《とく》になると思うことによって、それが行われるのであるならば、真の「無我《むが》」ではないのである。それは「自我《じが》」を保護するための一つの方便《ほうべん》にすぎないのである。もし「自我」が滅《めっ》しないならばいつまでたってもその人の世界から苦痛は消滅《しょうめつ》しないのである。あらゆる苦痛の源泉《げんせん》は、自我と自我愛《じがあい》とにあるのである。我々が神の国を今ここに生活せんがためには新たに生れ変らなければならないのである。『人新たに生まれずば神の国をみること能《あた》わず』とイエスがいったのはこのためである。自分とキリストとが置きかわり、自我と仏性《ぶっしょう》とが置きかわり、自分がなくなり、仏性独在《ぶっしょうどくざい》、キリスト独在とならなければならないのである。

自我の意志は結局自己自身の拡張、増大、利益のみを追求せんとするものであるから、我々が自我を滅して全体の生命に喜んで従おうとしない限りは、決してこの世界に全体としての平和と幸福とは出現しないのである。しかも吾々《われわれ》は全体の一部分であるから、全体の幸福が確保せられない限りは、個々別々の人間の幸福も確保せられることはないのである。世界には唯《ただ》一つの生命があり、唯一つの心のみがあるのである。この唯一つの生命、唯一つの心を神というのであって、吾々《われわれ》が自我《じが》を滅《めっ》してこの唯一つの神に奉仕する心になりきらない限りは、癌細胞《がんさいほう》いよいよ旺《さか》んに発育して全身の細胞いよいよ苦しむという結果になる外《ほか》はないのである。個人精神《こじんせいしん》は結局どこどこまでも自我を守ろうとする要求を有《ゆう》するのであり、しかもそれは結局「全体の幸福」の上からいえば対蹠《たいしょ》的《てき》に反対に導くことになるのである。

いやしくも自我を主張する自己意志《じこいし》を追求せんとする限り、内在《ないざい》の仏性《ぶっしょう》又はキリストは現れて来ないのであり、内在の仏性《ぶっしょう》又はキリストの顕現《けんげん》であるところの天国浄土《てんごくじょうど》も決して実現しないのである。利己主義者《りこしゅぎしゃ》は自己の意志のみを尊重し、自己満足を極端にまで遂行《すいこう》しようとするものである。しかも彼は常に自分の幸福感又は快楽のみを追求して他《た》の人の不幸又は苦痛を考慮《こうりょ》しないのである。それは癌《がん》の如《ごと》く自分のみが増大しようとして全体の生命の不幸を招来《しょうらい》することに気がつかないのである。だから利己主義者は却《かえ》って幸福を追求しながら結局真の幸福を獲得《かくとく》することができないのである。

真の幸福は仏性《ぶっしょう》が出現せる世界、キリストの顕現《けんげん》せる世界にのみ現れるのである。

我々は結局、キリストに対し、仏性《ぶっしょう》に対し、自分自身の城を明け渡した時にのみ真の幸福は来《きた》るのである。

受苦《じゅく》は必ずしも人間に幸福を来《きた》さないのである。それは決して魂を磨《みが》くのでもないのである。苦痛は概《おおむ》ね自我《じが》と自我との戦いにすぎないのである。そして勝った方《ほう》も敗けた方《ほう》も共に自我が傷つき倒れながら、その自我の傷痕《きずあと》がいよいよ肥厚《ひこう》(註・肥えて厚くなること)して自我はかたくなるばかりである。かくの如《ごと》き苦痛の体験は人生に何ら意義なきことである。真に苦痛が人生に役立つのは苦痛の根源であるものが「自我」であることを悟り、「自我」を滅却《めっきゃく》して「実相《キリスト》」にまで無条件に降服《こうふく》せんとする努力に於《お》ける苦痛のみである。人間イエスの肉を十字架《じゅうじか》につけた磔《はりつけ》は、結局この自我の滅殺《めっさつ》と真の仏《ぶっ》性《しょう》及び内在《ないざい》の「実相《キリスト》」の復活を現すのである。ここにのみ真の天国浄土《てんごくじょうど》は出現するのである。

人生《じんせい》の鍵《かぎ》シリーズ
生活改善《せいかつかいぜん》の鍵《かぎ》

平成二十一年八月五日　初版発行

編著者　谷口雅春《たにぐちまさはる》
財団法人 生長の家社会事業団
責任編集　谷口雅春著作編纂委員会

発行者　白水春人
発行所　株式会社 光明思想社
〒一一〇-〇〇一六
東京都台東区台東一-九-四　松浦ビル5F
電話〇三-三八三三-四八〇〇
郵便振替〇〇一二〇-六-五〇三〇二八

装　幀　松本　桂／山根　到（カバーイラスト）
本文組版　メディア・コパン
印刷製本　モリモト印刷株式会社

ISBN978-4-904414-04-0

総索引

＊頻度の多い項目は、その項目を定義、説明している箇所を主に抽出した。
＊関連する項目は→で参照を促した。
＊本書中にある「祈りの言葉」及び「真理の言葉」は別項を立てて一括掲載した。

〔あ〕

愛(情)　34,67,161,162,175,176
　―と力の神　17　→神、力
　―の(し与える)心　33,67　→心
　―の美　105　→美
　―は生む力　125
　―を行ずること　29
　神の―(と力)　17,37　→神、力
　子供への愛　134
　人を―すること　29
　報い求めぬ―　34
　無限の―　49,50,95　→無限
　行届(ゆきとど)いた―　162
明るい人　63
明るき心境　81
悪　28,94,111
　―想念　176　→想念
　―人　32,113
　―霊(の霊波)　95　→霊
　善と―　114　→善
　罪と―　112　→罪
アクチゾール　122
痣(あざ)　36
　生れつきの―　36
アダム　114
アメリカ　1,16,155
　―のユニティ教派　13　→ユニティ
暗黒な(の)想念感情　179
　→感情、想念

〔い〕

家　1
イエス(・キリスト)　110,163,185,186,190　→キリスト
　人間―　192
(現代)医学　140
　(現在の日本の)―常識　140
　精神身体―　141,155　→精神
　―の始祖ヒポクラテス　150
　→ヒポクラテス
胃潰瘍　151
怒り　62,150,151　→憤怒
イギリスの大宰相　152
　→グラッドストン
生け花　85
　―の美　85　→美
イタリー(の文芸復興期)　84
一粒万倍(いちりゅうまんばい)　30
一千万人餓死説　16
いのち(生命)　→神、生命、仏
　神の―　148　→神
　仏の―　148　→仏
祈り　117,178
因果　31
　―の法則　31,32,34　→法則
(有益な)インスピレーション　94
印度(インド)　23
　―の首都デーリー市　21
因縁
　「―循環してあざなえる縄の如し」　20

〔う〕

ヴァイブレーション
　肉体的—　45　→肉体
　物質的—　44　→物質
　霊的(体の)—　45　→霊体
ウイリアム・オスラー卿　152
薄藍色　124
宇宙(全体)　16,40,189
美しさ(美しきもの)　86,88
　本当の—　88
生れ更り　30
運慶　88　→快慶
運命(というもの)　16,20,27,28,29,31,34,
　　35,57,59,67
　—改造　30
　—の(は)馬(の如きもの)　57
　—の原因　20
　—の主人公　57
　—をこえるところの方法　34
　—を超えるには　29
　—を超(こ)える(唯一の)道　27,34
　—を超越する秘訣　30
　悪しき—　37
　新たなる—　32
　来たるべき—　27
　現在の—　32
　定められている—　30
　自己の—(の)改造(の出発点)　28
　人類の苦難に満ちた—　33　→人類
　善き—　28

〔え〕

「永遠なる者」　104
叡智　124,125
エーテル　40
　—(の)波(なみ)　120,121
エデンの楽園　70
エホバ神　31
縁　20
厭世的な考え　62

〔お〕

王侯君主　31
黄金色　124,125,126
黄金律　160,164　→供給、無限
オーラ　123,124　→後光
　—の色彩　124　→色彩
　黄金色の—　125　→黄金色
　黄色の—　125　→黄色
　紅色の—　124　→紅色
　恋する人の—　124
お蔭　145
拝む
　—心　162,164　→心
　—と云うのは　162
親孝行　81
(神の)恩寵　175,177　→神
「女は一目で男を殺す」　102

〔か〕

快慶　88　→運慶
快不快(の感覚)　41,42,43
快楽　71
戒律
　禁制的な—　102
　「女人禁制の」—　102　→女人禁制
化学作用　94
覚醒意識　48
影の世界　117
過去
　—世　20　→現世、今世、前世
　—の原因　26,29　→業
　—の業　31　→業
化合(の法則)　40,41　→法則
過食　90
　—する人たち　90
(日本の)学校教育　131　→教育
合掌　47,48,162　→てのひら
　—修行(中)　48　→修行
　(瞑目)—静坐(的な修行、の修行)
　　　48,50,51　→修行、瞑目
　端座—　17

家庭の悲劇　105
悲しみ　62
金　158,159,160,161
歌舞伎座　101
神(さま)　28,30,36,37,40,55,56,64,66,95,111,113,115,116,117,148,170,177,188,189,191
　―自身の自己表現の世界　40
　―と―の子　175
　―なる宇宙霊　95　→霊
　―なる無限の供給源　116　→供給、無限
　―の愛(と力)　17,37　→愛、力
　―の生命(いのち)　148
　―のおひきまわし　178
　―の恩寵　175,177　→恩寵
　―の国　72,186,190
　(完全なる、真の、人間は)―の子(としての自信)　16,55,79,108,109,111,112,113,114,115,116,148,170,177　→自信、人間
　―の心　114　→心
　―の自己実現　35
　―の自己表現の発達段階　42
　―の祝福　64
　―の生命(の現れ)　49,84　→生命
　―の全相　43
　―の智慧(の導き)　41,43,170　→智慧
　―の力　17,58　→力
　―の人間に対する要請　84　→人間
　―の美的属性　86　→美
　―の本性　95
　―のみ声　46
　―の目　110
　―の恵み　68,177
　―のもちたまえる美　85　→美
　―の霊 127　→霊
　愛と力の―　17　→愛、力
　最高の―　46
　唯一つの―　191
　「ねたむ―」　31
　無限力なる御祖(みおや)の―　17
亀井潔人　17
我欲　34
カルカッタ(市)(コルカタ)　24,27
癌(細胞)　191
感覚器官　120
環境　177,178,179,182
　―の改善　165
　あらゆる―　177
　窮屈な―　177
　さわがしい―　177
　自分の―　184,186
　複雑な―　178
　平和なる天国的―　186
ガンジス河　24
感謝　68,73,76,179
　―の(明るい)心　66　→心
　―の足らぬ心　65　→心
　真の―　68
感情
　暗黒な(の、想念)―　63,179　→暗黒、想念
　暗い―　179
　幸福な―　63　→幸福
観世音菩薩　89
　―の示現　175,177
　―の像　89
完全
　―人　44
　―なる人格　87,93
神田の古本屋　78
『甘露の法雨』　35,36,37,72
「観を転回」　64

〔き〕

黄色(のオーラ)　124,125,126　→オーラ
機会の女神　12
逆境　55
旧約聖書　31
(天才)教育　130,131　→学校、サリヴァン
教会　1
胸廓成形術　167

供給
神なる無限の―源　116
→神、無限
現象の(有限なる)―源　116
実相の無限―　117　→実相、無限
無限―の黄金律　160,164
→黄金律、無限
無限の―　49　→無限
(次の)豊かな(る)―　115,117
境遇　35
恐怖(心)　150,151
(古代)ギリシャ　84
―の(無数の)美術(品)　84　→美
キリスト(実相)　1,26,30,32,160,185,187,188,190,191,192　→イエス
―教(のすべての教派、のセクト)　2,148,185
―独在　190
―の教(おしえ)　1
―の霊　185　→霊
新しき―教　1
内に宿る―　185,187
自己に宿る―　186
内在の―(の復活)　188,192
桐壺のミカド　101
均斉(とは)　85,89
筋肉
―の美しき配列　88
―の力　103　→男性、力
―美　88,89　→美

〔く〕

クイーン・エリザベス号　15
空間　14
苦行　187
苦痛(の源泉、の根源)　190,192
功徳　148
苦難　56,57
倉田百三　109
グラッドストン　152
→イギリスの大宰相
クリスチャン　175　→キリスト教
苦しみ　28
クレオパトラ　100
紅　125,126
―色のオーラ　124　→オーラ
―の色彩　125　→色彩
黒住教祖　65

〔け〕

経済世界　160
血液(の循環)　62,63,67,90,150,153
結核(患者)　151,152
ケラー　131　→ヘレン・ケラー
原因　20,26,29
健康　88
―な人　63
―美　88　→美
原子爆弾　17
『源氏物語』　101
賢者　56,59
現象　55,64,115,116,117
―界　43,67,115
―の額縁　117
―の富　117　→富
不調和の―　175　→不調和
現世　20,145,148
→過去世、今世、前世

〔こ〕

業　26,31,33　→過去の原因
(祖先の)―因　33,35,36
―の波動　31
過去の―　31
自分の―　31
祖先の―　31
その人の―　31
父母の―　31
高血圧症(病)　150,151
光源　36　→光
幸福　70,71,72,73,74,75,77,78,79,80,81,115,183,186,192

（あり余る、人間最大の）—感　61,68,
72,74,75,76,77,79,80,81
—者　72
—な感情（感じ）　63,77
—になる方法（道）　73,74,81
—の「青い鳥」　71
—の源泉　65,72,73,81
（人生の）—の秘訣　79,182　→人生
—の宝石　65
—を得る道　69
心の—　188
真の—　65,191,192
全体の—　191
人間最大の—（感）　80
無限の—　79
鉱物　40,41,43
—（の世）界　86,92,95
—的（方面）44
—的成分　43
—的段階　42
—的法則　43　→法則
公平の見　113
光明　59,60,64,179
—ある世界　68
—思想　166,173
黄金色（こがねいろ）　126
→黄金色（おうごんしょく）
五官（の世界）　10,13,15
極楽　145,147,182　→西方極楽
後光　123　→オーラ
心　67,87,122,158
—が肉体に影響を及ぼす　153
—の現れ　71
—の影　54,110,113,114
—の教養　105
—の幸福　188　→幸福
—の焦点　107,114
—の世界　117
—の態度　74
—の力　153　→力
—の波　35,121,122
—の美　105　→美
—の病気　72　→病気
—のピント　115
—の平和　184,188　→平和
—の眼（まなこ）153
愛の（し与える）—　33,67　→愛
争う（い奪う）—　32,33
奪う—　33
拝む—　162　→拝む
拝んでいない—　164
神の—　114　→神
感謝の（明るい）—　66　→感謝
感謝の足らぬ—　65　→感謝
完全なる—の調和　73　→調和
暗い—　63
（「掴んでいる」）ケチな—　158,159
好き嫌いの—　65
唯一つの—　190,191
天地一切のものに和解する—　33
→和解
同情を求める—　80
憎む—　67　→憎む心
広々とした—　154
不完全を見ない—　174
不愉快な—　62
憂鬱な—　67　→憂鬱
愉快な（る）—　62,63　→愉快
豊（ゆたか）なる—　158
喜びの—　67　→喜び
ゴッホの（油）絵　109
言葉
—の力　80
思念の—　112,113　→思念
深切な—　164
「戦いとる」という—　33
人に喜ばれる—　164
「求めず与える」という—　33
柔かい—　164
コブラ　100
コロンビア大学　151
今世　22　→過去世、現世、前世
困難　56,57,60,62,81,93
（急性）コレラ　24,27

〔さ〕

西方(極楽)　147,185　→極楽
佐世保　35
佐多稲子　98,99,101
サリヴァン(先生の教育法)　130,131
→ヘレン・ケラー
サンタバーバラ　22　→北米加州

〔し〕

自我　74,187,188,189,190,191,192
—愛　187,190
—と—との戦い　192
—の意志　190
—の滅殺　192
大いなる—　189
個別的—　188
「ニセモノの—」187　→「ニセモノ」
時間　14
色彩(とは)　119,120,121,122,123,124,125,127
—の感覚　120
—の感じ方　120
—の相異　120
—の波動　120　→波動
—療法　123　→有色光線療法
オーラの—　124　→オーラ
色素　122
色盲　120
自己
—意志　191
—処罰　112
(最高完全なる)—神性　46
—創造　81　→創造
—本来の神性　39　→神性
—没却　30
—憐愍　178
地獄　182,184　→天国
自信
—と想像の力　12　→想像
—(の)力(の深さ)　16
神の子としての—　16　→神
自然
—界　124
—療能((の)力)　62,123
士族　11
死体(解剖)　140
『実証的精神科学』　21
実相　28,35,36,64,66,67,68,70,113,114,115,116,117,170
—界　86
—の人間　68　→人間
—の無限供給　117　→供給、無限
実在と世界の—　115
存在の—　68
実用主義　145
思念(の言葉)　49,112,113　→言葉
慈悲　175,176
自分(というもの)　184,187,188
「ニセモノの—」　80,185,186
→「ニセモノ」
本物の—　80
(完全なる)自由　32,115
住居　86,177,179
→、住宅問題、住居(すまい)
宗教(とは、というもの)　144,145,146,147,148,186
(熱烈な)—的傾向の人　124
—のエンジン　147
—のおかげ　148
—の教(おしえ)の組立て　145
—の価値　144
—の信じ方　144
新しい—　144
生きた—　143
古い—　147
十字架　192
住宅問題　177,180　→住居(すまい)
「柔よく剛を制す」　103
重力の法則　30,34,43　→法則
修行
(瞑目)合掌(静坐の、静坐的な)—　48,50　→合掌、瞑目
精神統一的(の)—　45,95　→精神
魂の—　102　→魂
断食的—　45　→断食

霊(媒)的—　48,49　→霊
霊媒になる—　50　→霊
受苦　192
宿命　30,57
出エジプト記　31
受難(礼賛)　56,57,187
浄土　148,184,185,186
→無礙光如来の浄土
真の(天国)—　186,192
天国—　148,185,186,187,188,191
→天国
食(欲、本能)　92
植物　41,43
—(の世)界　86,92,95
—性の食物　43
—的(方面)　44
—的段階　42
女性　101　→男性、女体、美
—の一顰一笑(いっぴんいっしょう)
103
—(の、の肉体)美(的特質、とは何か、
の暴力、の魅力)　97,98,100,101,
102,103,104,105　→女体、美
神経
—衰弱　74,153
—病　123
信仰
—深き人　116
真の—　116
正しき—　115
真言宗　146
真宗　146
(七つの灯台の点灯者の)神示　183
→七つの灯台の点灯者の神示
進取の気性　67
神人合一の境地　46
神性　49,50,108
自己本具(来)の—　39,51
自主的—　49
第七の境界たる—　95
人生　177
—の(を)幸福の(にする)秘訣　182
→幸福
「人生の鍵シリーズ」　164
心臓
—病　150,151
—麻痺　150
神想観　48,49,50,51,91,166,167,170,171
—の精神統一の修行　48
新天新地　64
神道　148
神罰　111
辛抱強さ　16
真理　147,148
人類
—の争いの原因　34
—の苦難に満ちた運命　33　→運命
—の苦悩　32
—の文化　86
心霊
—界　86,95
—的な力　42
神霊
—力　42,44
最高—　51
霊媒的な—力　42　→霊媒

〔す〕

水行　45,186
水力
—タービン　28,29　→タービン
—電気　29
救いの霊波　17　→霊波
スコットランド　151
ストリップ(・ガール)　98,99,101,104
住居(すまい)　170　→住宅問題
ズルフォン剤　122

〔せ〕

性
—本能　92,93　→本能
—欲　92
「静」　86　→動
星雲　40

生活の倦怠　80
成功
　—の秘訣　53
　つね(常)に—する人　60,63
青酸カリ　43
聖者　89
聖書　116
生殖　104
精神　41,91,92,94,129
　—界　86,91,94,95
　—科学　135
　—興奮　123　→赤色(せきしょく)
　—錯乱状態　51
　—作用　46
　—身体医学　141,155　→医学
　—性の発達　89
　—的薬剤　67
　—統一的(の)修行　45,95　→修行
　—の世界(の秘密)　93,135
　—の波動　94　→波動
　—の法則　91　→法則
　—(の)美　89,105,106　→美
　—力　46
　個人—　191
　美の—　84　→美
　奉仕の—　179
　愉快なる—　67　→愉快
生長の家　1,2,48,102,148,161
　—社会事業団　2
　—の教(おしえ)　2
　—の飛田給本部の練成道場　80
　性的衝動　41
(大)生命　59,121
　『生命の實相』　150
　—の波(の或る結晶体)　122,126
　(大)—の波動　122　→波動
　—の本当の姿　86
　神の—　49,84　→神
　全体の—　188,190　→神
　創造者の—　75　→創造者
　大自然の—の波　124
　唯一つの—　189,190,191　→神
　人間の—　75　→人間
　無限の—(の大潮流)　49,50,95
　→無限
生理作用　67,160
聖霊の力　16,17
『世界光明思想全集』　20
関口野薔薇　21,23
赤色(せきしょく)　123　→精神興奮
石竹色　124
善　112
　—意　179
　—と悪　114　→悪
　—人　32,112,113
　—の(なる)本源　112
潜在意識　20,113,152　→無意識
前世　20,21,22,36
　→過去世、現世、今世
先祖　36
喘息　151
仙人　45

〔そ〕

創世記　113
創造(力)　10
　—者の生命　75　→生命
　—本能　75　→本能
　自己—　81　→自己
　すべての—は善　28
想像(力)　10
　—の実現力　13
　—力(の出口)　10,14,16
　自信と—の力　12　→自信
　自分の—力　12
争闘の因(もと)　33
想念　24,32,37,55
　悪—　176　→悪
　暗黒な—感情　179　→感情
　善き—　95
「そのまま」　187

〔た〕

タービン　29　→水力タービン

大工　91
大自在境　44
胎児出生　26
太陽　125,126
「出す」ことの効用　158
「出せば出す程殖える(無限供給の黄金律)」 160,161,164
→黄金律、供給、無限
田辺製薬株式会社　122
谷口清超　21,160
谷口雅春　160
魂　28
—の課題　173
—の学校　174
—の訓練　172
—の向上　180
—の修行　102　→修行
—の磨き　172,177,178
—の喜び　77　→喜び
断食　45,186
—的修行　45　→修行
男性　98,99,100,101,102,103,104,105
→女性
—の筋肉の(的な)力　103
→筋肉、力
—の苦しみ　100
—の力の方向　103
—美　98

〔ち〕

智慧　41,42,160,161　→神
—の樹の実　114
—の美　105　→美
神の智慧　41,43　→神
無限の—　49,50,55,95　→無限
力
愛と—の神　17　→愛、神
神の愛と—　17　→愛、神
神の—　58　→神
神の無限の—　56　→無限
筋肉の—　103　→筋肉、男性
心の—　153　→心
美(術)の—　84,103　→美
地球　40,147
智者　59
地上の世界　28
知性　41,42,43,124,125,126
—的活動　125
致富の原則　157
治癒能力　124
朝食　90
—一椀ぬき　90
(完全なる心の)調和　73　→心
鎮静作用　123　→緑色

〔つ〕

罪　111
—と悪　112　→悪
—の観念　112
—の悩み　186

〔て〕

低級霊(魂)　45,47,49.51　→霊
てのひら(手掌)　24,27,123　→合掌
—治療　48
(子供の)癲癇(てんかん)　35,36
天国　182,184,185,186
—浄土(の顕現)　148,181,184,185,186,187,188,191　→浄土
—と地獄の相異　182
真の—(浄土)　184,186,192
天才教育　130
→サリヴァン、ヘレン・ケラー
電子　40
天体　40
「天は二物を与えない。そして平等である」 103

〔と〕

「動」 86　→静

盗賊　185,186　→バラバ
東大寺　88
糖尿病　151
動物　41,43,92
　—界　86,95
　—的(方面)　44
　—的性質　43
　—的段階　42
　—霊　45　→霊
玉蜀黍(とうもろこし)　78
時(と所)　14　→所
毒素　150
所　14　→時
富　34,145,158
　—の活用法　146
　—を増大する道　145
　現象の—　117　→現象
取越苦労　62,153
「飛んで火に入る夏の虫」　101
(飽くなき)貪欲　34

〔な〕

長崎　17
七つの世界　86,95
七つの灯台の点灯者の神示　183
→神示

〔に〕

仁王像　88
肉体　44,45,46,49,54,63,67,87,90,91,105,121,127,129,153,155
　—的ヴァイブレーション　45
→ヴァイブレーション
　—的脳髄　45
　—的病変　139,140
　—人間　140　→人間
　—の運動　85
　—の健康　89
　—の発達　44,87,89
　(本当の)—(全体の)美　87,88,89,101
→美
憎み・憎む心　67　→心
肉欲　34
「ニセモノの自我(自分)」　80,185,186,187　→自我、自分
女体(の、に属する)美(の暴力)　98,100,101,102,104,105　→女性、美
女人禁制の戒律　102
人間(と云うもの)　16,32,36,44,46,68,86,91,92,111,155
　—が不幸になる原因　65
　—の心　32,114
　—の生命　75　→生命
　—の本質　79
　—の本性　66
　—は神の子　79,85　→神
　—は万物の霊長　138
　—を麦にたとえて　56　→麦
　神の—に対する要請　84　→神
　実相の—　68　→実相
　肉体—　140　→肉体
『人間救ひの原理』　160
『人間性の解剖』　151
『人間は果して生れ更るか』　21
妊孕力(にんふりょく)　104

〔ね〕

「ねたむ神」　31　→神

〔は〕

肺炎　122
秦豊吉　98,100,101
波長　47,94
　霊の—　49　→霊
服部仁郎　11
波動　24
　—の感応　24
　色彩の—　120　→色彩
　思想—　24
　精神の—　94　→精神

大生命の— 122 →生命
病人の病的— 48 →病人
物質の—の世界 94 →物質
(善き)霊的—(の世界) 50,94 →霊
薔薇色 124
バラバ 185 →盗賊
パラマンサ・ヨガナンダ 23
→ヨガナンダ
磔(はりつけ) 185,192
万教帰一融合 2
反作用 34

〔ひ〕

美(というものは) 83,84,85,93,99,104
—が—である所以 85
—感 86
—術(の力) 84
—的構造 86
—的生活 93,95
—の精神 84 →精神
—(術)の力 84,103 →力
—の暴力 101
—は力 84
愛の— 105 →愛
内に包む— 105
奥ゆかしさの— 105
神の—的属性 86 →神
神のもちたまえる— 85 →神
顔貌の— 105
教養の— 105
ギリシャの—術 84 →ギリシャ
筋肉(の)— 86,88,89
→筋肉、男性、力
健康— 88 →健康
構図の— 86
心の— 105 →心
しおらしさの— 105
女性(の、の肉体)—(的特質、とは何か) 97,98,100,101,102,104,105
→女性、女体
精神(の)— 89,105,106 →精神
智慧の— 105 →智慧
彫刻せる裸像の— 86
(本当の)肉体(全体の)— 85,87,88,89,105 →肉体
女体(の)— 98,102,104,105
→女体
はじらいの— 105
ポーズの— 86
容色の— 106
ローマの—術 84 →ローマ
光 36,111 →光源
ヒポクラテス 150 →医学
ヒマラヤ 25
百万燭光 29,30
憑依 47
病
—気(の霊的診察) 34,48,54,62,79,80,122,123,137,153,155
→病(やまい)
—的(な)感受性 48
—人の病的波動 48 →波動
心の—気 72 →心
(男女の)平等 32,98,103
ビルマの仏像 89 →仏像
広島 17
ピンク色 124

〔ふ〕

不安定の安定 85,86
不幸 34,54,72,75,79,80,137
—な人(の感じ) 72,75,79
現在の— 37
藤壺の女御 101
不調和(な存在、の現象) 175
→現象
仏教 185
物質 40,91,92,158
—以上の存在 92
—界 91
—的ヴァイブレーション 44
→ヴァイブレーション
—の波動の世界 94 →波動
—の(を支配する)法則 91,92

→法則
仏者　175
仏性　148,184,185,186,187,188,190,191,
192　→仏
—独在　190
—の空間的展開　184
真の—　192
内在の—　191
仏像　89
ビルマの—　89　→ビルマ
物理
—化学　94
—作用　94
不倒翁　16
不平等　32
不眠症　153
フランダース・ダンバア博士　151
憤激(の感情) 150,152　→怒り

〔へ〕

平和　186
—の世界　33
心の—　184,188　→心
真の—　185
紅(べに)
—花　122
—療法　122
ヘレン・ケラー　130
→ケラー、サリヴァン

〔ほ〕

法則　92
因果の—　31,32,34　→因果
化合の—　40　→化合
鉱物的—　43　→鉱物
重力の—　30,34,43　→重力の法則
精神の—　91　→精神
唯一つの—　189　→神
物質の(を支配する)—　91,92
→物質
「類は類を呼ぶ」の(という)—　174,
179　→類
力学的—　34　→力学的法則
霊の—　91　→霊
「放蕩息子」 116
北米加州　22　→サンタバーバラ
仏　148　→仏性
—の生命(いのち) 148
→生命(いのち)
—の世界　184
本能　41,42,43,92
—界　86,95
—の世界　92,93
性—　92　→性欲
創造—　75　→創造
本物の自分　80　→自分

〔ま〕

真心　15
宇宙の—　15
深切な—　16
マタイ伝　27,32
丸の内ビルディング　15
万教帰一融合　2
満洲蘇家屯　17
満腹感の喜び　90

〔み〕

命(ミコト) 148
緑(色)　123,126　→鎮静作用

〔む〕

無　40
—意識　20
(真の)—我　182,183,185,189,190
麦
—ふみ　56
人間を—にたとえて　56

　ひとつぶの―　30
報い　33
無礙光如来の浄土　148　→浄土
無限
　『―供給の鍵』164
　―の愛　49,50,95　→愛
　―(の)供給(の黄金律)　49,160,164
　→黄金律、供給
　―の生命　49,50,95　→生命
　―の智慧　49,50,55,95　→智慧
　(神の)―の力　55,56　→力
　神なる―の供給源　116
　→神、供給
　実相の―供給　117　→供給、実相
無念無想　94
紫色　124

〔め〕

明治の御維新　11
迷信　91
瞑目合掌静坐の修行　50
　→合掌、修行
「メグル・イノチ」 20

〔も〕

妄念妄想の受信器　94
黙示録　64
物事が成就するには　14
物そのもの(物)　71,81
桃色　124

〔や〕

野蛮人　86
病　138,139,140　→病気
暗(やみ)　111

〔ゆ〕

憂鬱　62
　―症　74
　―な心　67　→心
幽界　26
有害(とは)　94
　―なる霊的波動　94　→霊
勇者　59
有色光線療法　123　→色彩療法
瑜伽(ゆが)の諺(ことわざ)　100,102
愉快
　―な人　63
　―な(る)心　62,63　→心
　―な(る)笑い　62,67　→笑い
　―なる精神　67　→精神
豊かさ　115　→心
ユニティ（・スクール） 1,2
　→アメリカ
　アメリカの―教派　13

〔よ〕

ヨガナンダ　23,24,25,27
　→パラマンサ・ヨガナンダ
欲念(の世界)　49
吉田育代　35
「喜び」
　―の心　67　→心
　―の世界　67
　―の宝石　64
　魂の―　77　→魂

〔ら〕

羅府(ロサンゼルス)万教教会　23
　→パラマンサ・ヨガナンダ

〔り〕

リウマチス　151

力学的法則　34　→法則
利己主義(者)　74,191
理性　41,42,43
律法　32
利益(りやく)　145

〔る〕

類は類を呼ぶ(という法則、の法則)
　59,174,179　→法則

〔れ〕

霊　46,47,49,51,91
　—界　24,94
　—感(的なこと)　24,25,42,45,49
　—眼　123
　—性(の発達)　44,89,92
　—的(体の)ヴァイブレーション　45
　　→ヴァイブレーション
　—的過敏性　44
　—的感受性　45,50
　—的修行　47　→修行
　—的治療家　124
　—的能力　46,51,123
　—(有害なる、善き)的波動(の世界)
　　50,94　→波動
　—能(開発)　45,51
　—の感合　49
　—の(なる)世界　28,91,94
　—の尊厳　102
　—の波長　49　→波長
　—の法則　91　→法則
　(悪霊の、善き霊の、高き霊の)—波
　　24,45,95
　悪—　95
　神なる宇宙—　95　→宇宙、神
　神の—　127　→神
　キリストの—　185　→キリスト
　最高の—　95
　救いの—波　17　→救い
　他—　49
　低級—　45,47,49,51　→低級霊
　動物—　45　→動物
　善き—的波動　94　→波動
霊媒　47,51
　—(的)現象　48
　—(的)状態　46,50,51
　—的修行　48,49　→修行
　—的な神霊力　42　→神霊
　—になる修行　50　→修行
　—(的)能力　51
　—の二重人格的状態　46

〔ろ〕

ローマ　85
　—人　84
　—の美術　84　→美

〔わ〕

和解(とは)　33,73,169,182,183,184,186
　真の—　184
　天地一切に(のものに)—する道(せよ)　56
　本当の—　183
『私の生涯』　130
(愉快な、愉快なる)笑い　62,67
　→愉快
「(真の)我(われ)」　186

祈りの言葉・真理の言葉

あなたは神の子である。正真正銘の神の子である。あらゆる善の本源であるところの神の子である。善なる本源からは善なる結果のみが現れるのである。あなたは神の子であり、善であり深切であるのである。　112

因縁循環してあざなえる縄の如し　20

神は神の子たるすべての人に対し適当な住居を与え給うているのである　177

神はすべてである。神はすべての力をもち給う。自分は神の子である。神は神の子たるすべての人に必ず適当な住居(すまい)を与えておられるのである。だから必ず自分にも適当な住居があるのである。神は神の子が楽しく幸福に生活するに耐えるだけの適当な場所を与えておられるのである　170

神その造り給いけるすべてのものを見給いけるに甚だよかりき　113

神の国はここに見よ彼処(かしこ)に見よというが如くには存在しない　186

神は全知全能であり給う。神はかぎりなき愛と力であり給う。神は常に吾(われ)を愛し給う。神よ、神は常に吾を愛し給う。　17

神よこれを与え給え。わが心をなさんとするにはあらず、み心の如くならしめ給え　117

今日、汝は吾(われ)と共に天国にあらん　185

口に入(い)るもの汝を汚さず、口より出ずる言葉汝を汚す　163

自分は神の子である。天に於ても、地に於ても、すべての力は与えられているのである。神は吾れを祝福し給うのである。必要に応じて無限の力が、無限の智慧が湧き出て来るのである。恐れることはないのである。自分は神に祝福されているのである。自分は神の無限の力をもっているのである。自分は今その力をもっているのである。　55

自分は完全な神性そのものであって既に無限の智慧、無限の愛、無限の生命を与えられているのである、だから何ものにも支配されることはないのである。　50

天国は汝の内にあり　185

天地一切のものに和解せよ　169

天地のすぎ行かぬ中(うち)に、律法の一点一画もすたることなく、悉く完うせらるべし　32

難有り、ありがたし　65

汝の右の頬を打つものあらばこれに左の頬をも打たせよ。汝を訴えて下衣(したぎ)をとらんとする者には上衣(うわぎ)をもとらせよ。人もし汝に一里行くことを強いなば、ともに二里を行け、汝に乞うものに与え借らんとするものを拒むな　26

汝らさばくこと勿(なか)れ、汝らもさばかれん　110

人間は神より出でたる光なり、光のなき光源はなく、光源のなき光はなし。光と光源とは一体なるが如く人間と神とは一体なり。神が完全なる如く人間も完全なり　36

人間は全て神の子として自由自在である。吾等すでに自由を与えられたり　17

人新たに生まれずば神の国をみること能(あた)わず　190

人その友のために生命(いのち)を捨つるこれより大(おおい)なる愛はなし　30

一つぶの麦地に落ちて死なば多くの実(み)を結ばん　30

物質に神の国を追い求むるものは夢を追いて走るものにして永遠に神の国を得ること能(あた)わず　72

みられる世界はみる人の心の影であるから、あなたは善人である　113

わが子よ、汝はよく帰った。今より後(のち)汝は常に吾と共にあらん、我がもてるすべてのものは汝の宝である　116

私は神の子、嬉しい嬉しい、好いことのみでて来る　79

私は幸福だ、幸福だ　80

吾(われ)新しき天と新しき地とをみたり。古き天と地とはすぎされり。海も亦なきなり。新しき神の都が花婿のために装いしたる花嫁の如く美しき姿にて天より下れるをみたり　64

吾(われ)行きて汝に来たるなり　185

吾(われ)エホバ汝の神はねたむ神なれば吾を憎む者に向いては父の罪を子に報(むく)いて三四(さんよ)代に及ぼし、吾を愛し吾がいましめを守る者には恩恵(めぐみ)をほどこして千代に至るなり　31

吾神の子なり完全なり　37

吾汝らに吾が平和を与う　185